Gaspar Núñez de Arce

Recuerdos de la campaña de África

Barcelona 2024
Linkgua-ediciones.com

Créditos

Título original: Recuerdos de la campaña de África.

© 2024, Red ediciones S.L.

e-mail: info@linkgua.com

Diseño de cubierta: Michel Mallard.

ISBN tapa dura: 978-84-1126-145-6.
ISBN rústica: 978-84-96290-29-7.
ISBN ebook: 978-84-9897-803-2.

Sumario

Brevísima presentación

La vida
Gaspar Núñez de Arce (Valladolid, 1834-Madrid, 1903). España.

Nació el 4 de agosto de 1834 y poco después su familia se fue a vivir a Toledo. En 1851 se fue a Madrid, trabajó como redactor en *El Observador*, uno de los periódicos más importantes de la época y fue corresponsal de La Iberia durante la guerra de África.

Más tarde se afilió a la Unión Liberal y fue gobernador de Logroño y diputado por Valladolid. Tras pasar un tiempo confinado en Cáceres por orden de Narváez, se trasladó a Barcelona, y fue gobernador civil durante la Revolución de 1868. A partir de 1871 se desempeñó como senador, consejero de Estado, secretario de la presidencia de gobierno y ministro de exteriores.

Nuñez de Arce murió en Madrid el 19 de julio de 1903.

España y Europa
Uno de los principales argumentos de Núñez de Arce para justificar la guerra entre Marruecos y España, en el 1859, es el «respeto» que ganará España ante Europa:

> Para entrar dignamente en Europa, en el sentido diplomático de esta frase, éranos de todo punto indispensable pasar por África; levantar el pensamiento por encima de nuestras agitaciones intestinas, para lanzarle con el supremo esfuerzo de nuestros soldados, valerosos, sí, pero desconocidos del mundo, sobre esas salvajes costas que se divisan desde nuestras playas, en las tardes serenas del estío ¡nadie sabe si como una amenaza o como una aspiración!

Se trata de una guerra cuyos efectos mediáticos deberían favorecer a España y a la visión que de ella tendrían el resto de los países europeos. Numerosos observadores militares de las grandes potencias occidentales acudieron para seguir de cerca los movimientos de los contendientes:

Confieso ingenuamente que la cuestión de África no se ha discutido, se ha sentido; al primer anuncio de guerra se removieron en sus tumbas las cenizas de nuestros antepasados, y el espíritu de raza que pasa de generación en generación como un río por su cauce, sin agotar nunca sus ondas, encendió la sangre en nuestras venas, y aceleró los latidos de todos los corazones. Yo seguí con júbilo el impulso general, no solo porque resonaba en mi alma como en la del pueblo la arrebatadora voz de nuestras cristianas tradiciones, sino porque conocía, según antes he dicho, que era preciso reconquistar con un golpe atrevido la consideración de Europa, acostumbrada a mirar en nosotros la España de las guerras civiles, de los pronunciamientos, de las crisis ministeriales, del desgobierno; una España, en fin, pobre, extenuada, falta de aliento, envilecida, incapaz de blandir la antigua espada de sus héroes, y de turbar con un rasgo de audacia el largo sueño de su gloria.

El nuevo modelo de colonización

Parecía necesario a la conciencia de la época borrar el estigma de la «leyenda negra» del colonialismo y adoptar una actitud de respeto ante la religión del enemigo:

> En mis excursiones por la plaza, procuré en vano penetrar en una Mezquita. Respetando como era debido el sentimiento religioso de los moros, el general en jefe había prohibido la entrada en los templos mahometanos a todos cuantos no profesasen la ley del Profeta y practicaran su culto. Hizo bien, porque nada más digno de consideración que la fe de los pueblos y el santuario de la conciencia; y aun cuando la determinación suya me privó del gusto de conocer los ritos de los creyentes, no cesaré de aplaudirla, porque debió revelar a los ojos de Europa que no veníamos aún como en pasados tiempos a arrancar la creencia de ningún corazón con la punta de la espada.

Y esta nueva actitud ante los colonizados, no exenta en ocasiones de racismo, será un referente en la afirmación política de una conciencia ecuménica marcada por la idea de que Europa es el motor de la «civilización».

La idea del progreso

Asimismo España se sentía impulsada por la «idea del progreso» y los cronistas de esta guerra insisten en las tecnologías implantadas por los españoles en Marruecos: periódicos, telégrafos, artillería moderna y todo tipo de gadgets que dan a las tropas peninsulares una agradable y gratuita sensación de superioridad:

Por la tarde acompañoles a ver el telégrafo eléctrico que se había establecido desde la aduana hasta el alojamiento del general, en la casa de un moro riquísimo que había sido cónsul marroquí en Gibraltar, llamado Er-Sini. No excitó gran cosa la atención de los enviados de Muley-el-Abbas el aparato del telégrafo, lo cual se comprende muy bien, porque su inteligencia no estaba lo suficientemente preparada para entender y admirar estos maravillosos adelantos de la civilización. Además, como hijos de un pueblo casi primitivo, no podían sentir la imperiosa necesidad de vivir años en minutos, ni ardía su sangre con la fiebre que agita a las razas europeas, ávidas de emociones, de cambios, de peripecias, y deseosas, no solo de devorar el espacio, sino de escalar el cielo. ¿Qué importaba a los habitantes de las montañas o de los desiertos de África, acercarse antes o después al término de su camino? ¿Qué ganaban con saber más o menos pronto noticias que nada decían ni a su ambición, ni a su interés ni a su alma?

**A mi amigo don Manuel Rodríguez,
en prueba de afectuoso cariño**
El autor

I

Algo más de medio siglo hace que España se levantó del sepulcro en que yacía, y durante este espacio de tiempo han aparecido, han bullido, han pasado, han vuelto a aparecer con distintos trajes y en ocasiones diferentes, multitud de hombres, de sistemas, de partidos y de instituciones, como los delirios de la fiebre, como los actores y decoraciones de un teatro como un mundo de fantásticos sueños. Agarrados a las crines de la política, de ese caballo desbocado que lleva al país precipitada y vertiginosamente a través de abismos insondables, desde la revolución a la reacción, hombres, instituciones, sistemas y partidos han adelantado y vivido sin descansar años en horas, como Pecopin en el corcel del diablo. ¡Qué carreras y que transformaciones! En un mismo día hemos visto cruzar ante nuestros ojos a un mismo hombre ostentando alternativamente el gorro frigio, el chacó de miliciano y el sombrero apuntado de palaciego; hemos visto víctimas convertidas en verdugos, y verdugos convertidos en víctimas; hemos asistido a la monstruosa y rápida representación de un drama shakesperiano y de un entremés burlesco, ambos revueltos y entremezclados. ¿Qué imaginación no está cansada de tantos enredos, peripecias, chistes, lágrimas, héroes, mártires y tránsfugas como han llenado de confusión y ruido la escena? ¿Quién no se siente aturdido con tantos personajes y sucesos, con tantas elevaciones y caídas como ofrece el abigarrado al par que turbulento cuadro de nuestra historia contemporánea? Ha habido acontecimientos a medida de todos los gustos y de todos los deseos; guerras nacionales, invasiones, guerras civiles, regencias, combates en mar y tierra, constituciones, absolutismo, calabozos, destierros, patíbulos, tormentos, tumultos populares, insurrecciones militares, intrigas de cuartel, intrigas de palacio, asambleas avanzadas y retrógradas, pronunciamientos, asesinatos jurídicos, escarapelas, músicas, canciones, palizas, procesiones y arcos de triunfo: nada, nada ha faltado a este medio siglo, que ha sido al mismo tiempo una sátira y una epopeya.

Digo mal: faltábale para ser completamente grande, un sacudimiento nacional que no dejase en nuestra historia remordimiento alguno; una página elocuente que no estuviese escrita con la hiel de nuestras discordias y la sangre de la patria, herida siempre por sus propios hijos. Necesitábase que la energía de nuestra raza, gastada en estériles contiendas, rompiese las mezquinas ligaduras con que pretendían sujetarla los partidos, y se desplegara fuera; allí donde la llaman sus tradiciones, sus deseos, sus esperanzas, tal vez sus errores mismos. Para entrar dignamente en Europa, en el sentido diplomático de esta frase, éranos de todo punto indispensable pasar por África; levantar el pensamiento por encima de nuestras agitaciones intestinas, para lanzarle con el supremo esfuerzo de nuestros soldados, valerosos, sí, pero desconocidos del mundo, sobre esas salvajes costas que se divisan desde nuestras playas, en las tardes serenas del estío ¡nadie sabe si como una amenaza o como una aspiración!

Y este vigoroso sacudimiento estremeció las fibras de España cuando acaso se esperaba menos. No entraré en aclaraciones sobre si la guerra se anticipó, o sobre su conveniencia en el orden material, porque no es este el objeto que pone la pluma en mis manos. Confieso ingenuamente que la cuestión de África no se ha discutido, se ha sentido; al primer anuncio de guerra se removieron en sus tumbas las cenizas de nuestros antepasados, y el espíritu de raza que pasa de generación en generación como un río por su cauce, sin agotar nunca sus ondas, encendió la sangre en nuestras venas, y aceleró los latidos de todos los corazones. Yo seguí con júbilo el impulso general, no solo porque resonaba en mi alma como en la del pueblo la arrebatadora voz de nuestras cristianas tradiciones, sino porque conocía, según antes he dicho, que era preciso reconquistar con un golpe atrevido la consideración de Europa, acostumbrada a mirar en nosotros la España de las guerras civiles, de los pronunciamientos, de las crisis ministeriales, del desgobierno; una España, en fin, pobre, extenuada, falta de aliento, envilecida, incapaz de blandir la antigua espada de sus héroes, y de turbar con un rasgo de audacia el largo sueño de su gloria.

¡Con cuánto gozo comprendí que no me había equivocado en mis cálculos y esperanzas, cuando pude ver todo el alcance del sentimiento público en la famosa sesión del 20 de octubre, magnífico y majestuoso prólogo de una campaña señalada por una serie de no interrumpidas victorias! ¡Qué momentos aquellos! Una multitud tan impaciente como entusiasta, poblaba las tribunas del Congreso y se agitaba movida por una misma idea en las avenidas del templo de la representación nacional, donde debían resolverse nuestras dudas y nuestros destinos. Cuando el ministerio ocupó su escaño, un silencio profundo, un recogimiento solemne reinaron en el salón; hubieran podido contarse los latidos de todos los corazones que asistían a aquella memorable escena, y que se confundían en un mismo deseo: ¡La guerra! Así es que apenas pronunció esta palabra el presidente del Consejo de ministros, después de haber expuesto la inutilidad de las tentativas que para afirmar la paz se habían hecho, una salva de aplausos y vivas, prolongada, casi borrascosa inundó el espacio; como que aplaudían con nuestras manos y victoreaban con nuestro acento los ilustres varones de Covadonga, de las Navas, de Granada y de Lepanto, las preocupaciones de raza, el sentimiento de la dignidad ultrajada y las inflexibles exigencias de la historia. No podía menos de encontrar eco la mágica palabra que nos convocaba a la guerra contra el poder mahometano, allí donde las sagradas imágenes de Pelayo, de Guzmán el Bueno, del Cid y de Isabel la Católica, fielmente representadas por el encanto del arte, parecían animarnos a la próxima contienda con el prestigio de sus nombres y el recuerdo de sus triunfos. No referiré lo que entonces pasó en las Cortes: mis lectores se acordarán mejor que yo de los elocuentes discursos que se pronunciaron entre los frenéticos gritos de la concurrencia, así como del sacrificio que casi todos los partidos hicieron de sus odios en las aras de la patria, y no digo, todos, porque un, suceso reciente, o más bien, un crimen inesperado ha venido a demostrar que en aquellos momentos de unión nacional, no faltaba alguno bastante ingrato para aguzar, entre las sombras del misterio, el puñal de la traición y de la venganza. La guerra que había sido una aspiración generosa, se convirtió en un hecho real y positivo con la declaración de las Cortes; el soldado, aprestó sus armas para el combate cercano; el rico, ofreció su hacienda; la mujer, hilas para los heridos y lágrimas para los muertos; el pobre su vida; el patriotismo, sus recursos y el entusiasmo, su sangre.

Perdónenme mis lectores si antes de narrar a grandes rasgos los celebrados hechos de esta campaña, tan admirablemente inaugurada, he molestado su atención con la anterior reseña; pero he creído oportuno consagrar algunas líneas a la actitud del pueblo, desinteresada y noble, para poder apreciar debidamente los inmensos sacrificios del ejército, digno depositario de las glorias y esperanzas de la nación.

Daré, pues, principio a mi tarea.

Animado por el belicoso espíritu que dominaba en toda España partí para África a principios de noviembre. Atravesé lleno de febril impaciencia las áridas y secas llanuras de la Mancha, ocupadas todavía con la inmortal memoria de don Quijote, que tal vez reprende con delicada ironía el carácter de nuestra raza, tan locamente aventurero y caballeroso, y a la mañana del siguiente día di vista al mar en las bulliciosas playas de Alicante.

¡Cómo expresar el sentimiento que se apoderó de mí en aquella ocasión, en presencia del Mediterráneo, vivificado con el recuerdo de tantos héroes y de tantos genios! Sus azuladas aguas besan las arenas de la Grecia y de la Siria; de la patria de los dioses paganos y de la cuna del Divino Salvador del mundo; la región de la poesía y la región de la verdad; la fuente del placer santificado y el lugar donde por vez primera el dolor y el martirio se elevaron al cielo. Italia y España también reciben los halagos de sus ondas en cada una de las cuales parece, como que resuena un himno de la antigüedad. ¿Quién no cree aún ver surgir del seno de ese mar las sombras de sus dioses marinos coronados de algas? ¿Quién no ve entre la bruma las imágenes vaporosas de sus ninfas? ¿Quién no escucha entre el rumor de las aguas el incitante canto de las sirenas? El genio ya extinguido de la Grecia, dio en otro tiempo vida y animó con la poderosa inspiración de sus poetas todos los escollos, todos los peñascos, todas las costas, todas las olas del Mediterráneo. Más grande la creación que el criador, ha resistido, así las tempestades de la guerra como el empuje de los años, y todavía cruza Neptuno en su carro de conchas las misteriosas soledades del mar.

Pero si la Grecia pobló de dioses esas ondas, España las ha poblado de héroes. La cristiandad amenazada de muerte por el poderío turco, debió la libertad al valeroso brazo de don Juan de Austria en las aguas de Lepanto. No hay ola que no arrastre sangre nuestra vertida en defensa de Dios y de la Europa ingrata, ni costa que no conserve algún recuerdo de nuestra gloria y nuestra desventura.

¿Y quién es capaz de adivinar los destinos que la Providencia nos reserva en ese mar que se extiende como un lago entre las más fértiles y hermosas comarcas del mando? ¿Quién sabe si esas olas que van y vienen de África, como enseñándonos el camino, llevarán algún día por completo, cuando seamos más fuertes y vigorosos, la luz y la civilización en nombre de España a aquella pavorosa región de las tinieblas y la barbarie?

El mismo día de mi llegada a Alicante me embarqué para Cádiz, donde me llamaban la impaciencia y el deseo. Todo el tiempo que duró mi navegación, lo pasé agradablemente entretenido contemplando con el cariño de hijo y el sentimiento de artista, las pintorescas y montañosas costas de España, doradas a veces por los brillantes rayos del Sol, y a veces también medio veladas en los contornos de la sombra. Desde el mar vi a lo lejos las caprichosas cumbres de Sierra-Nevada, coronadas de niebla; los blancos pueblecillos de la costa andaluza, tendidos en la playa como conchas arrojadas por la marea; Málaga, la ciudad del comercio, y Cádiz la ciudad de la inspiración.

Al verla, brotando de las aguas, transparente como la espuma, gallarda como una de esas aves marinas que se mecen sobre las ondas, comprendí y admiré el sentimiento que ha inspirado a todos los poetas y la avara codicia con que la miran todos los pueblos, desde la antigüedad más remota. ¡Es tan bella y tan rica!

Cádiz entonces como Algeciras, Málaga y el Puerto de Santa María, estaba convertida en un campamento. Por todas partes circulaban soldados animados del mayor entusiasmo, deseando verter su sangre, en defensa de la honra nacional, y por todas partes, eran acogidos con júbilo, con amor, con frenética alegría. Apresurábanse los vecinos a alojar en sus casas a los futuros vencedores de África, a obsequiarlos, a inspirarlos confianza en la empresa que iban a acometer para crédito de España y fama suya. Las mujeres, los ancianos, los niños, todos, en fin, les alentaban con cariñosa solicitud, y por donde quiera que pasaban, no oían más que un solo grito: ¡Guerra al moro! ¡Venganza contra los desleales sectarios de Mahoma! El patrón que les acogía en el hogar doméstico, la mujer que los amaba, el niño que jugaba en sus rodillas, el anciano que les bendecía llorando, sus padres, sus madres, sus hermanos, sus amigos, todos cifraban en ellos su confianza, todos les empujaban hacia el heroísmo. ¡Oh! hubieran sido indignos del nombre de españoles, si no hubiesen sabido corresponder, como han correspondido, al unánime sentimiento de la patria.

El 19 de noviembre, poco después de mi llegada a Cádiz, donde residían el cuartel general y el segundo cuerpo de ejército, mandado entonces por el general Zabala, los batallones que componían la vanguardia expedicionaria, acantonados en Algeciras, pasaron a África para mantener por espacio de algunos días una lucha desigual y titánica con los hombres, con el clima, con las tempestades, con la epidemia, con la naturaleza entera.

Las circunstancias, no mi voluntad, que era decidida, me impidieron presenciar este sangriento y magnífico episodio de la campaña, que recuerda los de nuestra maravillosa conquista de América, cuando un puñado de hombres sin más recursos que su corazón y su espada, sujetaban imperios populosos y añadían nuevos florones a la corona de Castilla. Más para suplir en parte esta falta, mis lectores no tomarán a mal que tras algunos párrafos de una carta que recibí, entonces, escrita por un desgraciado amigo mío, militar distinguido y valiente, y que era no solo testigo, sino actor en las memorables escenas del Serrallo.

«Aquí vivimos —decía—, si esto es vida, como los condenados en infierno. El enemigo no nos deja descansar un solo momento, ni el cólera tampoco. La lluvia y el viento nos siguen a todas partes, como si los genios tutelares de África hubiesen concitado contra nosotros, no solo a los hombres, sino los elementos. Dormimos sobre el fango, siempre sobresaltados, sin saber si vendrá a hacer eterno nuestro inquieto sueño una enemiga bala o un ataque del cólera; de esa fatalidad invisible y siniestra que nos diezma y aniquila. Ayer —escribía el 24 de noviembre— hemos tenido cerca de trescientos enfermos; si no llegáis pronto a nuestro auxilio, en vez de hallar una división, hallaréis un cementerio; no nos entregaremos al moro, pero sí a la muerte.»

«Avanzamos en nuestras operaciones; pero a costa de mucha sangre. El enemigo que conoce el terreno nos caza, esta es la expresión exacta, escondido entre la malezas impenetrables de estos espesísimos bosques. Nuestros pobres soldados no parecen bisoños; combaten como leones. Su misma impetuosidad les perjudica, mucho, porque se meten en el peligro sin reflexión; en la guarida del tigre que les acecha astuto y vengativo. ¡Esto es horrible! En el momento en que escribo estas líneas, entran en los hospitales de Ceuta veintiocho soldados de mi compañía. Hace unos cuantos días que hemos pisado esta maldita tierra y ya estamos casi en cuadro. ¡Venid pronto!

Si escribes a mi casa nada hables de cuanto pasamos, porque mi madre se afligiría mucho. ¡Pobrecilla!

Los primeros días de nuestra llegada, no estuvimos muy bien de comida; pero ya va remediándose esta falta.

Nos hallamos en las alturas del Serrallo, y aunque con pérdida, adelantamos siempre en todas las acciones. El general Echagüe es muy valiente y sufre con la resignación propia de un soldado, las fatigas y peligros de esta espantosa campaña.

No duerme ni sosiega; verdad es que tampoco nosotros dormimos ni sosegamos. Unas veces de avanzada, otras en acción, otras en vela, otras calados por la lluvia, otras molestados por el viento, ya asistiendo a los amigos a quienes la epidemia amaga, ya alarmados por algún acontecimiento extraño, el caso es que nadie descansa y que todos nos multiplicamos aquí. Las noches son para nosotros más pesadas que los días.

Pero, en fin, todo debe sufrirse por la patria que tanto nos quiere, y solo ruego a Dios que me proporcione ocasión en que poder distinguirme en su servicio.»

¡Ay! ¿Cómo había de creer él, tan joven, tan arrojado, tan lleno de ilusiones y esperanzas, tan sediento de gloria, que tres días más tarde, el soplo de la epidemia había de apagar con una muerte oscura su generosa vida? ¿Y quién me hubiera dicho entonces, que al poner el pie en la africana tierra no había de encontrar siquiera una huella de aquella existencia agostada en flor, de aquel corazón que tanto me había querido, de aquel héroe desventurado, muerto en el principio de su carrera?

Dios quita la vida; pero no el recuerdo de aquellos a quienes amamos, y el de mi pobre amigo jamás se apartará de mi memoria.

II

La noticia de la acción del 25 de noviembre, en que tan comprometido se vio el general Echagüe, acometido por fuerzas infinitamente superiores a las suyas, contribuyó a acelerar la partida para África del segundo cuerpo de ejército, al cual, como he dicho, me había agregado. El embarque se verificó en las playas del Trocadero, tan tristemente célebres en nuestros anales contemporáneos, como que fue allí donde se escribió la primera página de la restauración absolutista de 1823, o más bien, la última de aquel agitado período constitucional que inauguró Riego y cerró Angulema, con tanta mengua para España oprimida como para la Europa agresora.

Las playas del Trocadero ofrecían un espectáculo animadísimo y variado. Multitud de vapores poblaban el mar, y numerosas lanchas y bateas, aquéllas llenas de hombres y éstas de acémilas y caballos, surcaban las aguas, aproximándose a los vapores que desplegaban al viento su larga y flotante cabellera de humo. Dos muelles de madera improvisados, uno para el embarque de las tropas, ancho y espacioso, y otro con una máquina en la punta para el transbordo de las caballerías, facilitaban la operación, que sin esto hubiera sido pesada. Nada más pintoresco que ver a los caballos suspendidos en el aire, con las crines erizadas de espanto, agitándose temerosamente hasta caer desde el extremo del muelle, de donde se sentían arrebatados, a la chalana que les esperaba en el agua para trasladarlos al buque en que debían hacer su fatigosa navegación. No se encontró nunca el famoso Rocinante en tan grave aprieto como estos pobres animales, que cuando menos lo esperaban, y contra su voluntad decidida, pues casi todos resistían hasta el último momento la fuerza que les dominaba, se veían arrancados del suelo y obligados como el Pegaso fabuloso a pasar por la región de las águilas antes de entrar en los dominios de Neptuno. Uno de ellos se opuso cuanto pudo a la maniobra; maltrató con un par de coces a los marineros que le colgaban de la máquina, produjo un alboroto en el muelle y salió escapado, con la nariz abierta y la boca llena de espuma, temblando de miedo y atropellándolo todo, como el caballo de Mazzepa perseguido por los lobos en la oscuridad de la noche y en la espesura de las selvas.

No lejos de allí, y cerca de la estación del ferrocarril, se embarcaban los soldados para la guerra, ansiosos de verter su sangre por su patria y por su honra. ¿Qué sentirían en aquel momento? No lo sé. Sus rostros expresaban una satisfacción sincera; y sin embargo, muchos de aquellos infelices pisaban por última vez la tierra en que habían nacido y en donde hubieran deseado quizás encontrar la sepultura, cuando la edad hubiese cargado de canas y desengaños su cabeza; y todos ellos tenían madres, o amadas, o amigos que los llorasen; corazones que iban a herir con la ausencia, con los presentimientos y con los peligros de la guerra a que se exponían; todos ellos, sí, por qué ¿quién; por oscuro y desdichado que sea, no tiene un alma que le acompañe en las sombras, y le siga en las adversidades de la vida?

No es posible describir el bullicio y la íntima alegría con que los soldados en quienes la patria había fundado sus esperanzas lisonjeras de gloria, se disponían para la navegación; ni es fácil recordar los chistes y donaires con que se despedían de los nativos lares para encontrar muchos de ellos una oscura tumba en las africanas arenas, donde no pocos de sus antepasados duermen también el sueño de los siglos: ¡donde las más vigorosas generaciones de España han vertido y verterán todavía su sangre! Los honrados vecinos de los pueblos inmediatos que habían acudido a presenciar la partida del ejército, saludaban con entusiasmo a los decididos campeones de nuestra honra; las lágrimas humedecían todos los rostros; las hermosas agitaban sus pañuelos; los niños sentían no poder blandir la espada para correr al combate; las madres... ¡las madres pensaban en aquellas que acaso no volverían a ver más a los hijos de sus entrañas!

Al anochecer la difícil operación del embarque había terminado; pero hasta más de las diez los vapores no levaron anclas. Reinaba una oscuridad profunda, interrumpida a intervalos por el amarillento resplandor de la Luna, velada entre nubes y celajes; divisábase a veces la próxima costa como una mancha negra que se perdía en el espacio, y se veían esparcidas por el mar multitud de luces de colores que subían y bajaban, aparecían y desaparecían alternativamente, produciendo un efecto poético y maravilloso. Eran las luces de los buques que hacían las señales necesarias para salvar todos los riesgos de la navegación.

¡Qué admirable cuadro se presentó a nuestros ojos al romper el alba! El mar estaba tranquilo y sosegado como un león dormido, y halagaba nuestros oídos con el blando rumor de sus olas, levemente rizadas por el viento.

Una faja rojiza se pintaba en el horizonte hacia la tierra africana, que no se divisaba aún, y no parecía sino que como continuación del mar de azuladas ondas por donde navegábamos, se extendía allá a lo lejos otro mar de ondas de fuego y grana. Las empinadas costas españolas pobladas de atalayas, monumentos vivos de aquellos calamitosos tiempos en que los mismos enemigos a quienes íbamos a buscar ahora en sus propias madrigueras, convertidos en bárbaros piratas, saqueaban nuestros pueblos, robaban nuestras mujeres y sembraban por las playas andaluzas y valencianas la desolación y el espanto, no se apartaban un momento de nuestra vista, medio ocultas en la vaga neblina que los vapores del mar y las auras de la mañana crean y esparcen. ¡Cuántos corazones detrás de las ásperas crestas de la patria palpitarían recordándonos a aquella misma hora!

A eso de las siete de la mañana pasamos por el Estrecho, y vimos el cabo de Trafalgar, donde la denodada marina española supo, sucumbiendo, conquistar para su patria una gloria imperecedera y brillante; porque los grandes pueblos lo son hasta en sus catástrofes y caídas.

Cuando el príncipe de Condé, después de la batalla de Recroi —el Trafalgar de nuestros tercios— en medio de un campo cubierto de cadáveres mutilados, encontró el cuerpo del conde de Fuentes traspasado de heridas y airado aun después de muerto, es fama que descubriéndose respetuosamente exclamó conmovido: «A no haberme dado Dios la victoria, hubiera querido morir como este héroe».

Hoy todavía, el inglés que nos venció en las aguas de Trafalgar, enseña con veneración y orgullo los restos de nuestras naves apresadas, y cuando la voz del amigo ingrato, para disculpar su torpeza, nos calumnia vergonzosamente, vuelve por nuestro decoro y repite saludando la memoria de Gravina, de Churruca y de Galiano: «A no haber vencido, hubiera deseado perecer como la valerosa armada de España».

¡Oh patria mía! ¡Qué glorioso es caer ante la posteridad como los gladiadores ante el César, guardando hasta en la agonía la grandeza de la propia fama!

Mas allá divisamos el Peñón de Gibraltar, caprichosamente iluminado por el Sol, adelantándose hacia el mar, como si quisiera romper la débil lengua de tierra que le une a la península, avergonzado de que flote en sus muros una bandera extraña para confusión de la nación que la iza y del pueblo que lo consiente. Y enfrente de la roca inglesa vimos dibujarse en el espacio los agrestes picos de Sierra-Bullones, oscuros, siniestros y amenazadores, donde ya había corrido la sangre de nuestros hermanos, y donde muy pronto debía correr la de muchos de aquellos que los miraban a mi lado, ocultar sus elevadas cimas entre nubes eternas.

Tres horas después dábamos vista al campamento cristiano, establecido en las alturas del Serrallo; a Ceuta, que en los trances apurados hubiera podido servirnos de refugio, resguardada como está en robustas fortificaciones, y en último término al Hacho, a la antigua Ávila, alzándose solitaria del seno del mar, y desde donde el prevenido vigía cristiano observaba el movimiento del campo moro, contaba sus huestes y burlaba sus pensamientos de guerra, penetrando con ojo avizor para sorprenderlos en las enmarañadas angosturas de los valles y en las sombrías quebraduras de las rocas.

Dispuesto todo convenientemente desembarcamos en Ceuta sin ningún contratiempo. A pesar de que nadie ignoraba la aparición del cólera en nuestras divisiones, la verdad es que nos sobrecogió a todos el aspecto lúgubre y horroroso que ofrecía la ciudad en el momento de nuestra llegada. No se daba un paso sin encontrar una camilla, sin ver un rostro lívido y desencajado, donde había impreso funesto sello la muerte. Ceuta estaba consternada; sus hospitales no bastaban ya a contener el número de enfermos que la epidemia arrancaba diariamente a la gloria y a la vida, y fue preciso habilitar para este servicio hasta los cristianos templos, donde en vez de dulces plegarias, se elevaron desde entonces al Señor de cielo y tierra tristes ayes y dolorosos gemidos. El mismo día de mi entrada cargaron delante de mí un carro de muertos para conducirlos al cementerio del Hacho, y aún resuena en mi corazón, helándole, el eco pavoroso que producía la caída y el golpe sobre la madera de aquellos troncos inanimados y fríos ¡poco antes llenos de vida y entusiasmo! La gente circulaba por las calles silenciosa y preocupada, apartando la vista con terror y lástima de la interminable fila de apestados que desde por la mañana hasta por la noche llenaba la ciudad, esparciéndose por todas partes; y en verdad que era para infundir espanto y sentimiento la vista de aquellos desdichados mártires de la patria, que mal cubiertos con una manta, sobre un lienzo manchado de sangre y conducidos en hombros de sus compañeros, en cuyos rostros se pintaban el recelo y la incertidumbre, cruzaban las calles de Ceuta, mostrando a la asustada multitud sus descompuestas fisonomías, sus vidriosos ojos, los convulsivos movimientos, en fin, de su agonía rápida y dolorosa. Después de haber recorrido y examinado la ciudad, cuya situación es extremadamente pintoresca rodeada por el mar, que parece pronta a saltar la frágil valla de tierra donde está fundado el barrio de la Almina, enderecé mis pasos hacia el campamento. Era ya anochecido cuando emprendí mi marcha, y gracias a la oscuridad que reinaba, tardé más de una hora en recorrer y atravesar el laberinto de magníficas fortificaciones que defienden la ciudad por parte de tierra, reforzadas, si no me es infiel la memoria, en el reinado de Felipe V, a poco de haber levantado el emperador de Marruecos Muley-Ismael el obstinado sitio que puso a la plaza en los últimos tiempos de Carlos II.

Apenas salvé el postrer puente levadizo, las luces y hogueras diseminadas en diversos puntos, me dieron a conocer el sitio que ocupaban los campamentos del ejército cristiano. Cualquiera que, sin antecedente alguno, hubiese observado de lejos la agradable perspectiva que presentaban las tiendas fantásticamente iluminadas por el rojizo resplandor de las hogueras, así como los soldados confusamente agrupados en torno de la llama y envueltos en nubes de humo que entreabría y disipaba el viento; y hubiese oído el vago y prolongado rumor que se exhala de las muchedumbres, como el murmullo del mar y de los bosques, habría creído aproximarse más bien a una romería que a un pavoroso teatro de escenas militares, más a un lugar de deleite que un campo expuesto a todos los azares de la peste y de la guerra.

Casi a tientas, y resbalando a cada paso en la tierra húmeda, y barrosa, pude llegar a la vanguardia del primer campamento, que era el de Prim, cuyo cuerpo de ejército había desembarcado en Ceuta uno o dos días antes que el mandado por el conde de Paredes. No me costó poco trabajo el dar con la tienda de unos oficiales conocidos míos, a los cuales pedí un guía para que me acompañase y dirigiese al campamento del general Echagüe, situado en las alturas del Serrallo, y a cuya vigilancia estaba todavía encomendada la guarda de los reductos recientemente construidos. Animábanme el deseo de abrazar al amigo de quien he tenido ocasión de hablar a mis lectores en mi anterior capítulo y no sé que secreto presentimiento que germinaba informulado aún en el fondo de mi corazón como presagio de una desventura desconocida e inesperada. Seguí, pues, precedido de un cazador de Vergara, el áspero y mal abierto sendero que conducía al Serrallo, tropezando y cayendo a cada momento, y llegué por fin cansado y rendido al término de mi viaje; ¡pero cuán inútilmente por mi desdicha!

En derredor de una hoguera había unos cuantos oficiales silenciosos y meditabundos. Acérqueme a ellos y les pregunté por la tienda de mi amigo.

—No le busque usted —me contestó aquel a quien me había dirigido— porque será en vano.

—¿Pues dónde está?

—En el cementerio —repuso tristemente otro de los circunstantes.

¡Ay! Yo no podré decir lo que pasó por mí entonces; el dolor y la sorpresa ahogaron mi voz, y solo al cabo de un rato de íntimo recogimiento, tuve fuerzas para preguntar a los oficiales que me habían dado la fúnebre noticia y que pertenecían al regimiento de mi desventurado amigo, los pormenores e incidentes de la desgracia que invisiblemente nos había herido.

Poco tuvieron que contarme; la víspera de nuestra llegada a Ceuta había caído enfermo; cuando al día siguiente preguntaba por él a sus compañeros, estos no sabían siquiera el sitio donde descansaban sus restos mortales...

¡Qué pronto se olvida en la guerra!

Cuando me preparaba a volverme, tropecé con un bravo capitán de caballería, agregado al estado mayor de Echagüe, a quien había conocido y apreciado en Madrid.

—¿Usted por aquí? —me dijo abrazándome con efusión.

—Aquí he venido a ver como luchan ustedes contra el cólera y contra los bárbaros.

—Venga usted a mi tienda y charlaremos un poco —añadió atrayéndome amistosamente.

Seguile, en efecto, y penetré bajo el débil abrigo de lona que le resguardaba de los abundantes rocíos, de los impetuosos vientos y de los desencadenados temporales de aquella tierra salvaje y maldita.

Vivían con mi amigo tres oficiales más. Uno de ellos estaba indolentemente tendido en su cama de campaña, estrecha como un féretro, viendo como se desvanecían las espirales de humo de su cigarro, y los otros dos jugaban al ajedrez sentados en incómodas banquetas y sosteniendo el tablero en las rodillas.

La tienda, débilmente iluminada por un cabo de vela de esperma, acomodado en una botella vacía, tenía un carácter original y caprichoso. De los palos que la sostenían, colgaban sables, revolvers, gumías cogidas en los días anteriores a los moros, un bastón de ayudante y varias carteras de viaje. Los habitantes de esta casa de lienzo habían tenido la precaución de arrancar todas las yerbas en el espacio que su vivienda ocupaba, el cual aparecía limpio y liso como la palma de la mano. Arrimadas a las paredes de la tienda estaban las camas, y en los huecos que mediaban de una a otra se veían amontonados, en agradable confusión, los arreos de los caballos, las maletas, las cajas de vino y de provisiones, platos, vasos y tarteras. Era un extraño conjunto de cosas heterogéneas; una especie de sepulcro egipcio donde nada faltaba para que sus habitadores pudiesen hacer sin ningún contratiempo el viaje a la eternidad.

Sentámonos mi amigo y yo sobre una cama, con mucho cuidado a fin de no desvencijarla, y le insté para que me diese cuenta del estado del campamento, de la vida que hacía, y de los obstáculos con que tropezaban en la lucha.

Por él supe los inmensos trabajos que había pasado la división Echangüe, durante los días en que desempeñó tan gloriosamente la misión de defender solo nuestra honra en las agrestes soledades de Sierra-Bullones; las dificultades que había tenido que vencer; la sangre que había derramado para conquistar palmo a palmo, contra una muchedumbre de moros montaraces y fanáticos, el terreno en que nos encontrábamos, cercado por todas partes de espesísimos bosques, casi impenetrables a la luz del día, y dominado por sierras escabrosas, llenas de precipicios y barrancos, ignorados de nuestros valientes. Me refirió la acción del 25, en que el general Echagüe se vio a punto de caer en manos de las feroces cabilas con quienes lidiaba, y celebró el arrojo de nuestras tropas que todo lo arriesgaban sin vacilar, impulsadas por su acendrado patriotismo. Trazome un cuadro conmovedor de los estragos que hacía la epidemia, cada vez más inclemente y devoradora; única preocupación del soldado, que al preguntarle por cualquiera camarada enfermo respondía siempre: «Tiene eso que corre», como si tuviera miedo de excitar, nombrándole, las silenciosas iras del cruel azote que diezmaba nuestras filas más que el plomo mahometano.

Me habló de la llegada del conde de Lucena, y del efecto mágico que produjo en el ánimo del soldado, algún tanto abatido; de las deshechas tempestades y de los huracanes violentos que descargaban sin interrupción su furia sobre el campo cristiano, y ofreció enseñarme a la mañana siguiente las posiciones conquistadas por el ejército: la Mezquita, el Serrallo, los reductos, la sombría cortadura del boquete de Anghera, y por último el sitio en que se habían dado todas las acciones.

Cuando al amanecer del nuevo día corrí lleno de impaciente curiosidad en busca de mi amigo encontré su puesto vacío: había sido conducido al hospital de coléricos poco antes de la madrugada.

Tal fue el primer día de mi estancia en África.

III

Preocupado con la desgracia que parecía perseguir a todos mis amigos en las costas africanas, monté a caballo y recorrí el campamento cristiano hasta sus últimos límites, para distraer mi imaginación fatigada y dar nuevo rumbo a mis ideas. Todavía se estaba trabajando en los reductos, a fin de aumentar su fortaleza, y empezaban a levantarse los parapetos del conocido con el nombre del rey Francisco de Asís, donde tan valerosamente se luchó después en la memorable acción del día 9 de diciembre. Enmarañados bosques de alcornoques, por donde apenas podían pasar las cabalgaduras llevadas del diestro, embarazaban el camino de los reductos, casi perceptible, y hubiérame sido difícil dar con ellos, porque las sinuosidades del terreno y la frondosidad de la arboleda los ocultaban, sino me hubiesen guiado las voces de los soldados y el golpeo de las herramientas de construcción, que traía hasta mis oídos el viento. Con religioso silencio contemplaba yo las lomas y cañadas cubiertas de áspera vegetación, donde tanta sangre había ya embebido la tierra y tantos cadáveres, devorado; la tierra que, como el mar, guarda sus víctimas y tesoros en el seno de sus entrañas, y que semejante a la ambición humana, no se sacia nunca, ni se saciará jamás. De pronto se plantó mi caballo, relinchó, y un ligero extremecimiento agitó su cuerpo; miré en torno mío y vi en primer término los despojos ensangrentados y rígidos de otro caballo, muerto sin duda en uno de los anteriores combates, y algunos pasos, más allá los mal enterrados restos de un hombre que asomaba, por entre la tierra húmeda y desligada, el lívido y desfigurado rostro, el herido pecho y una mano amarillenta, contraída ¡solo Dios sabe si por la agonía o la desesperación!

Tal vez aquel polvo humano, pronto a confundirse con el del noble bruto que a su lado yacía, habría sentido germinar en el transcurso de su vida grandes pensamientos y poderosas ambiciones. Acaso habría soñado con coronas de triunfo en su paso por el mundo y con faustuosos mausoleos para cuando desapareciera de la sociedad; con el amor de una mujer, con los goces de una familia, con la fortuna o con la gloria. ¿Todo para qué?, ¿para encontrar la muerte en una oculta vereda y servir de pasto a la voracidad de hambrientos buitres? ¡Cómo juega el destino con los hombres!

Nuevamente impresionado con el espectáculo que se había ofrecido a mi vista, aceleré el paso y me aparté de aquel sitio de horror y lástima, no sin que desgarrasen mis vestidos los matorrales y abrojos que obstruían el sendero. De vez en cuando llegaba hasta mí el sordo rumor del hacha de los soldados, que escondidos entre la espesura del monte se entretenían en cortar leña para avivar por la noche las hogueras del campamento; y también turbaba el silencio de aquellas soledades, la voz lejana de algún desdichado —que quizás cantaba por última vez— acordándose de los paternos lares, donde no faltaría de seguro quien llorase su ausencia.

Entregado a mis varios pensamientos, llegué no sin fatiga a uno de los reductos, donde con la contemplación del vasto panorama que se extendía delante de mí, pude dar paz al ánimo y descanso al cuerpo. Desde allí veíase el tenebroso Boquete de Anghera, estrecha y pavorosa cortadura abierta a través de imponentes selvas y escarpadas rocas, a la conclusión de un angosto valle, o mejor dicho, de una extendida cañada, en cuyo centro se alzaban dos o tres rústicos caseríos abandonados, que algunos días después había de consumir el incendio. Y más allá del tajado Boquete, alzando su cresta árida hasta las nubes, divisábase la cordillera de Sierra-Bullones, agreste y salvaje como los bárbaros que en sus escabrosidades y quebraduras se guarecían, acometiendo y huyendo constantemente, siempre derrotados y siempre rehechos.

Sobre los cerros más cercanos, dibujábanse algunas tiendas morunas esparcidas aquí y allá, y que resaltaban entre la verde alfombra como copos de nieve heridos por el Sol. Algunas veces, cuando el viento nos era favorable, llegaba hasta nuestras avanzadas, que vigilaban ocultas fuera de los reductos, el grito iracundo y prolongado de nuestros invisibles, aunque próximos enemigos, mil veces repetido por los ecos de las montañas. Los soldados que guarnecían el fuerte, observaban con tranquila indiferencia, de pechos sobre el parapeto, hasta el movimiento de los árboles agitados por la brisa, sin que nada se escapara a su recelosa penetración.

Oyéronse de pronto dos detonaciones a larga distancia en el campo contrario, y un cazador, que estaba a mi lado exclamó al oírlas:

—¡Vaya! Apuesto a que tenemos hoy broma. ¡Me alegraré!

—¿Por qué lo dices? —Le pregunté con verdadera curiosidad.

—Porque esos tiritos —contestó— indican que los moros se reúnen para atacar nuestras posiciones.

—Vosotros los venceréis. ¿No es cierto?

—¡Sí, señor! —repuso haciendo una mueca desdeñosa—. ¡Bah! Pues no sería poco. Aun cuando a decir verdad, esos condenados ni temen ni deben. ¡Si viera usted como acometen los indinos! Cuando menos se piensa ¡zas! cátelos usted en los fosos dando aullidos, que no parecen sino lobos hambrientos o chicos descalabrados. Pero nosotros a bayonetazo limpio y ¡tente perro! les seguimos hasta sus huroneras que es un primor. ¡Así lo fuera tanto a la vuelta!

—¿Pues qué sucede?

—¡Toma! ¿Qué ha de suceder? A la vuelta, como esos condenados, a quienes les ha nacido la espindarga en la mano, no desperdician tiro, se parapetan detrás de los árboles y peñas, y apunta por aquí y dispara por allá, a este quiero, a este no quiero, nos hacen cada desgarrón en las compañías, que tiembla el misterio. Mire usted en la gresca última, murieron siete a mi lado en un santiamén. Aquello no fue visto ni oído.

—¿Tanto fuego hicieron?

—¡Uy! Si llovían las balas a chaparrones, y como nosotros no hemos traído paraguas...

—¿Parece que te preocupa la idea de un nuevo combate?

—¡Eh! no señor. ¿Qué importa?

Esta sencilla frase trajo a mi memoria recuerdos de otros tiempos, cuando Dios cansado del penoso letargo de España, le turbó con una catástrofe. Entonces renació nuestra patria del seno de su abatimiento secular, luchó, cantó, legisló y venció; tuvo Tirteos, Cides y Guzmanes, y humilló la soberbia del primer conquistador del mundo, a las órdenes del mismo general que medio siglo después debía reanimar el corazón del soldado en los arenales de África: del general ¡No importa!

¿Quién no le conoce? Cuando en la guerra de la independencia, el soldado de la patria caía sobre la madre tierra acribillado de heridas, miraba al espirar a sus hermanos, y exclamaba: ¡No importa! Y cuando el padre encontraba el cadáver de su hijo abandonado en el campo de batalla, arrancaba de manos de la víctima el arma vengadora y corría a la pelea deshecho en lágrimas, pero gritando: ¡No importa! Y cuando la suerte volvía la espalda a nuestras bisoñas tropas, los vencidos acudían a organizar la resistencia a la cumbre de las montañas, o entre los árboles de la llanura, murmurando con inquieta ira: ¡No importa! Y cuando el ejército del usurpador penetraba en nuestras ciudades, entregándolas al saqueo y al incendio, las mujeres, los niños, los ancianos —los hombres no, porque todos se hallaban al pie de su bandera— morían gritando, seguros del triunfo de su sagrada causa: ¡No importa! ¡No importa!

Este general se hallaba a la vez en todas partes: en Bailén, en Zaragoza, en Gerona, en Valencia, en Rioseco, en las victorias, en las derrotas, en las aldeas, en los conventos, en el Sol, en el aire, en la naturaleza toda. ¡Ay! ¿Quién había de sospechar que le encontraríamos aun en las soledades de África, bajo la humilde tienda de nuestros soldados, en los campos de batalla, en los hospitales, lejos de la patria, allí donde no podían oírse los gemidos de las víctimas ni verse los grandes arranques del heroísmo?

Repetidos disparos de fusilería hacia la parte del reducto de Isabel II, vinieron a interrumpir mi amistoso diálogo con el cazador.

—¡Ya está armada! —dijo éste alegremente encaramándose sobre el parapeto con ánimo de escudriñar los alrededores del fuerte; y notando después que el fuego se acrecentaba, añadió—: Hoy nos vamos a divertir de veras.

La gente del reducto se puso enseguida en movimiento. Unos salieron de sus tiendas, donde dormían o escribían; otros tomaron las armas, y todos se prepararon a la defensa. Yo me aparté de allí, donde nada tenía que hacer entonces, deseoso de presenciar la acción, y enderecé mis pasos, siguiendo los de un oficial de estado mayor, que había venido a comunicar órdenes, hacia el sitio donde se oía el fuego, cada vez más vigoroso y nutrido.

Confieso que cuando llegué cerca del lugar del combate, me costó trabajo distinguir las diseminadas fuerzas marroquíes, que avanzaban nuestros batallones, en grupos de dos a tres hombres; de árbol en árbol y de maleza en maleza. El color terroso de sus sucios jaiques contribuía en gran parte a que yo no alcanzara a verlos bien, y a que se confundiese mi vista inútilmente buscándolos entre las grietas de los peñascos donde se escondían o detrás de los apiñados troncos que les servían de muro. Por fin, merced a mi paciencia y a un anteojo, pude reconocer la tenacidad del enemigo, que renacía de cada derrota más osado e impetuoso, y comprender su manera de guerrear, desordenada, pero incansable. Su línea de batalla ocupaba una larga extensión, para tantear sin duda el lado débil del ejército cristiano, y distraer de paso su atención por muchas partes a la vez. La gritería que levantaban los moros era espantosa; veíaseles bullir, acercarse, aparecer y desaparecer por entre los accidentes del áspero terreno en que se luchaba; aproximarse a los reductos con iracunda saña y salir luego escapados como jabalíes perseguidos, amparándose en las vecinas crestas contra el cañón de los fuertes y el hierro de los soldados.

No es mi ánimo, ni cabe en los estrechos límites de la tarea que acometo, la descripción de todas las acciones que he presenciado, sino solo de aquellas de verdadera importancia por sus consecuencias o sus incidentes. Pero no puedo prescindir en esta ocasión de recordar el efecto que produjo en mí la primer carga a la bayoneta de que fui testigo, si es que merece este nombre, quien presenció tan conmovedora escena sin dominio alguno sobre su corazón; lleno de entusiasmo y con lágrimas en los ojos.

Cuando la acción parecía pronta a terminar, vi caer sobre una de nuestras guerrillas avanzadas, desde una enmarañada colina próxima, buen golpe de moros dando feroces alaridos y disparando sus armas con certera mano sobre nuestra gente. La guerrilla era poco numerosa y su posición comprometida; necesitábase acudir a su auxilio, y una compañía de Simancas recibió la generosa y heroica misión de salvar a sus hermanos. Al bélico sonido de la corneta, yo la vi salir rápida y ordenadamente, desconociendo el peligro, salvando barrancos y desafiando el mortífero fuego enemigo; vila precipitarse como una fiera herida sobre los marroquíes; trabar con ellos una lucha encarnizada; acorralarlos, dispensarlos, perseguirlos: todo en menos tiempo del que se requiere para dar cuenta del suceso. La guerrilla amenazada quedó libre, y la compañía de Simancas, algo mermada, pero con la satisfacción de haber respondido noblemente a la voz del deber, volvió, no sin ser hostigada a traición por los moros, a sus antiguas y bien mantenidas posiciones.

Vencidos siempre; pero siempre obstinados, los hijos de Mahoma estuvieron hostilizándonos hasta bastante tarde, y es posible que la acción se hubiera prolongado aún más, si el vendaval y la lluvia no hubiesen interrumpido el combate. ¡Qué noche la del 30 de noviembre! El cielo estaba cubierto de un velo impenetrable y el viento mugía como una legión de espíritus malignos, en el hueco de las rocas, en el tronco de los árboles, en el mar que resonaba allá a lo lejos con acento inextinguible. Una lluvia abundantísima, incesante y apresurada, inundaba el campamento, cuyas tiendas en su mayor número había arrancado la invisible mano de la tempestad, amenazadora y rugiente. Hubiérase dicho que África quería vengar con todos los rigores de su clima, la nueva derrota de sus hijos, y que lanzaba contra nuestras huestes para amedrentarlas el horrendo furor de sus mil tormentas.

¡Inútil empeño! Envueltos en sus mantas, calados de agua hasta los huesos, sin abrigo ni tienda que les cobijara, nuestros soldados sufrieron con resignación cristiana la furia del agua y del viento en aquella funesta y pavorosa noche; y la siguiente aurora cuando la tempestad calmó, hallolos tranquilos como si nada hubiera pasado, enjugando sus mantas alrededor de las hogueras, que hasta entonces no habían podido encenderse; cantando y bailando al son de las alegres dianas, conforme el fuego iba reanimando sus desmayadas fuerzas; limpiando, en fin, sus armas para luchar, si preciso fuera, contra las feroces cabilas de Anghera Ben-Yusuf y Cabo-Negro como habían combatido horas antes con los elementos desencadenados.

Las consecuencias de la tormenta fueron, sin embargo, terribles y desastrosas. La epidemia se desarrolló con mayor fuerza, y por espacio de algunos días se cebó cruelmente en nuestro ejército como un tigre en su presa.

En cambio, los moros nos dejaron en paz.

IV

Aprovechando la tregua que el reciente escarmiento de los moros nos proporcionaba, consagré mi tiempo al reconocimiento y estudio del campo conquistado, y de la nobilísima ciudad de Ceuta, cuya historia se pierde en la oscuridad de la fábula, como una estrella en la inmensidad del espacio. Penetré primero, en la mezquita, tosco y reducido templo erigido por la piedad musulmana a la memoria de un santón, que duerme allí en brazos de su fe el eterno sueño de la muerte; pero cuyo espíritu vaga y reina en aquellas agrestes comarcas como una tradición, como un recuerdo. Su nombre se ha olvidado; los mismos que le imploran no saben quién fue; solo saben que rigió su alma la justicia; que consoló muchos dolores y enjugó el llanto de los que padecían; ¿acaso necesitan saber más? Los años que gastaron la vida del santón, han reducido a polvo sus huesos; todo cuanto pertenecía a la tierra, la tierra lo ha recobrado, vida, nombre, honores, ilusiones y desengaños; solo ha quedado de él la memoria de sus virtudes, y esto le basta para ser inmortal.

Es la mezquita un templo moro mucho más reducido que nuestras ermitas de aldea, bajo de techo, de cúpula enana, blanqueado todo él por fuera y por dentro, con una cal limpia y brillante. A uno de los lados de la puerta está el babuchero en donde cuando yo llegué, vi un candil de barro, pintado de verde y sin asa, y en medio de la mezquita, descansa en el suelo el cuerpo del santón. Sobre su sepultura se levanta, o por mejor decir se levantaba, porque ya, según mis noticias, se ha destruido todo, una especie de jaula de madera, tosca, pero caprichosamente labrada; yo no sé si como un relicario o como un sepulcro. Abríanse en la tierra o argamasa extendida sobre la huesa varias hendiduras, que servían en otro tiempo para humedecer todos los viernes con agua de fuente el consumido polvo del bienaventurado mahometano, y de los palos de la jaula-sepulcro pendía multitud innumerable de hilachas que habían arrancado de sus turbantes o chilabas para colgarlas allí a guisa de ofrenda, los moros fanáticos y supersticiosos. Las paredes interiores y exteriores de la mezquita estaban llenas de inscripciones en alabanza de Dios y del profeta, trazadas groseramente con lápiz o carbón, y entre las cuales solo encontré una que por su estilo casi bíblico mereciese ser copiada. Decía así: Señor, en los peligros de la espada tú eres mi espada.

Después de haber visto la mezquita, dirigí mis pasos hacia el serrallo, derruido edificio que se distingue no muy lejos, sobre una altura pelada de árboles y escasa de yerba. Registré, pues, estas curiosas ruinas, hollando por todas partes montones de escombros, subiendo y bajando escaleras desquiciadas y oscuras, que conducían a estrados sin techo, sin puertas ni ventanas, por donde el viento pasaba a su antojo. Todavía se conservan en algunas paredes ennegrecidas por el tiempo, labores que recuerdan las de la Alhambra, y un ancho patio, con elegantes arcos de herradura, en cuyo centro se alza un pozo, de forma primitiva, como vemos aún en algunas láminas del Antiguo Testamento.

El serrallo fue edificado, según una tradición de Ceuta, en 1795, para residencia de Muley-Ismael, emperador de Marruecos y enemigo declarado de los cristianos, durante el formidable cerco que por aquellos años puso a la ciudad española, tal vez, para hacer olvidar entre los suyos sus usurpaciones y crueldades. Desde la cuadrada torre de este aniquilado palacio, aspillerado con sacos de tierra para defensa de nuestros soldados, y donde flotaba la castellana enseña, divisábase a larga distancia, sobre un cerro escabroso y casi inaccesible, un rústico edificio medio oculto entre matorrales conocido con el nombre de Casa del Renegado, y que es el vivo recuerdo de un poema de melancolía y resignación.

Tal vez huyendo de la justicia, un español, natural de Algeciras, abandonó su hogar y su familia, pasose al moro, y cambió su fe cristiana por los torpes errores de Mahoma. Pero solo en la africana tierra deslizábanse sus días tristemente lejos del lugar en que había nacido y separado de las dulces prendas de su corazón. No lucía para su espíritu atribulado, aurora alguna tranquila, ni ilusión, ni alegría, ni consuelo que le hiciesen olvidar los ya perdidos goces de la tierra nativa, donde de fijo llorarían también en solitario recogimiento, acaso faltos de pan, la triste esposa y los pequeñuelos hijos. Tan profundo fue su dolor que, rompiendo toda comunicación y comercio con los moros, se refugió en lo alto de una roca desde donde en los días serenos se divisaban a través de las brumas marítimas los muros de Algeciras; allí fabricó su choza, y allí pasó su vida, solo, entregado a sus pensamientos, viendo con Moisés, a lo lejos la tierra donde no le era permitido entrar, calculando desde su retiro el sitio que debía ocupar la casa de sus hijos, aspirando quizás los besos de su familia en las fugaces áuras de su patria. De este modo vivió por espacio de muchos años, hasta que la vejez y el sentimiento cortaron el hilo de sus penosos días; y como las grandes desdichas hallan consideración y respeto hasta entre las hordas salvajes, la Casa del Renegado ha venido a ser un objeto de veneración entre los moros, que la conservan religiosamente, cuidando de reparar los estragos que hacen en ella las inclemencias y rigores del tiempo.

Cuando ya nada tuve que ver en el campo, sino la animación de nuestros soldados en medio del cruel azote que les afligía, me dediqué a recorrer la ciudad, muy pobre por cierto de monumentos artísticos sino de recuerdos históricos. Visité su catedral, edificio poco notable, construido en el siglo XVI, si no me informaron mal, con más empeño de darle solidez que belleza: la Iglesia de Nuestra Señora de África, a donde acuden en todas sus tribulaciones y amarguras, con fervorosa devoción, los cristianos hijos de Ceuta; el espacioso cuartel del Fijo, convertido entonces en hospital; el teatro donde a la sazón trabajaba una exigua compañía, compuesta solo de galán, dama, gracioso y bailarina, cuyos ruidosos triunfos no son para contarlos, y últimamente las alturas del Hacho desde donde miraba a mis pies el mar amedrentador aunque tranquilo; hacia Europa el Peñón de Gibraltar, que parecía brotar violentamente del fondo del Mediterráneo, y por la parte de Tetuán el oscuro Cabo-Negro, en cuyas sombrías cortaduras nos aguardaba la victoria.

Durante los días que empleé en estas excursiones por la ciudad y sus alrededores, los moros como he dicho, se mantuvieron quietos sin hostilizarnos, contra su costumbre. El general Prim con algunos batallones de la división de reserva, había practicado un reconocimiento camino de Tetuán, llegando hasta los Castillejos, antiguas ruinas situadas a más de legua y media de Ceuta, en un vastísimo y deleitoso valle, regado por un sosegado arroyuelo que desemboca por aquella parte en el mar, y cuyo nombre no guardo en la memoria. Esta vega, donde en pasados tiempos nos ha sido muchas veces ingrata la fortuna, sobre todo, en 1670 en que perecieron lastimosamente sorprendidos en ella el valeroso capitán Pedro Vieyra Arráez y una gran parte de las tropas que le seguían, talando los vecinos bosques, estaba destinada a ser, como lo fue más tarde, el teatro de un gran peligro, de una inolvidable hazaña y de un completo triunfo. Pero no adelantemos los sucesos.

Amaneció el día 9 de diciembre. La noche había sido fría, oscura y en extremo húmeda, como generalmente lo son en todos los climas meridionales. A pesar de la exquisita vigilancia de los soldados que guarnecían los reductos de Isabel II y Francisco de Asís, los moros aprovechándose de las pavorosas tinieblas de la noche, se habían corrido sigilosamente por entre los árboles hasta muy cerca de nuestras posiciones, sin ser vistos, ni oídos, ni esperados. Empezaba a clarear el día cuando los centinelas avanzados de los fuertes creyeron percibir entre el silencio, ligero y sospechoso rumor de gente, que iba aproximándose cada vez más. Apenas habían tenido tiempo de dar la voz de alerta, cuando de improviso brotó de entre los montes próximos, muchedumbre incalculable de africanos, dando feroces aullidos, avanzando hacia los reductos y extendiéndose impetuosamente de izquierda a derecha, con ánimo de cortar toda comunicación entre los fuertes y el Serrallo.

Mientras esto sucedía, dirigíanse hacia los reductos para relevar la fuerza empeñada, en su defensa, los batallones de Castilla y Arapiles. En la mitad del camino, en una selva espesa, por donde apenas podían marchar en formación, saliéronles al encuentro los moros en tumulto, trabándose allí un combate desigual; pero glorioso para nuestras armas. En menos de seis minutos el campo quedó cubierto de cadáveres; solo que los nuestros no tenían entonces reemplazo posible, y las pérdidas enemigas sí, pues cada vez era mayor y más compacto el número de los que acometían y avanzaban. ¡Qué momento aquel tan tremendo y doloroso! Nuestros soldados tuvieron que luchar cuerpo a cuerpo con tres o más enemigos a la vez, y tan mezclados anduvieron moros y cristianos, carabinas y espigardas, bayonetas y gumías, que la artillería del reducto de Isabel II se vio obligada a suspender sus fuegos para no herir con el mismo golpe a españoles y marroquíes.

Harto hacían, por otra parte, los fuertes en sostenerse contra las rabiosas embestidas y asaltos de los moros, que estrechaban a los defensores como una serpiente de hierro. Tres veces llegaron hasta los fosos, y tres veces fueron rechazados; hubo ocasión en que, no pudiendo unos y otros hacer uso de sus armas, combatieron a pedradas con incansable tesón y energía.

El peligro arreciaba; pero en el corazón de nuestros valientes y decididos hermanos, no podía tener cabida el miedo.

Las violentas ráfagas del levante que reinaba desde a la víspera, llevaban las voces y el ruido de la batalla en dirección contraria a nuestros campamentos; de modo que difícilmente se hubiesen apercibido de la lucha, si el reducto de Isabel II no hubiera enarbolado bandera roja.

Apercibiose de todo el bizarro conde de Paredes, general de las fuerzas comprometidas, y montando inmediatamente a caballo, tendió, seguido de dos ayudantes, a los puntos donde más empeñada estaba la acción. Una lluvia de balas le acompañó todo el camino; sus dos oficiales de órdenes cayeron heridos entre los reductos, y el general Zabala se adelantó solo por medio de sus enemigos, hasta llegar a donde tan denodadamente combatían los diezmados batallones de Castilla y Arapiles. Entonces nuestros soldados tomaron la iniciativa, y al grito de ¡Viva la reina! dieron una arrojada carga a la bayoneta que no pudieron resistir los moros, los cuales huyeron confusa y desordenadamente, ocultando su vergüenza y su vencimiento en lo más recóndito de aquellas agrestes selvas, donde por acaso, se habrá oído en siglos el golpe de hacha de los leñadores.

Nuestros adversarios se rehicieron, sin embargo, más pronto de lo que podía creerse, y vióseles de nuevo arremeter con redoblado brío a fin de apoderarse otra vez de las posiciones recientemente perdidas. No es posible formarse idea del cuadro aterrador que ofrecían aquellos bárbaros, mal cubiertos con andrajosos y sucios jaiques, saltando súbitamente del fondo de los barrancos, de entre las peñas, de los montes inmediatos, como hienas enfurecidas sedientas de sangre. Fue preciso para contener su ímpetu, parecido al del río que se desborda, que cargaran por la derecha los cazadores de Figueras, y por la izquierda los de Alba de Tormes con unas compañías del regimiento de Córdoba. Amedrentados los moros, apelaron como único medio de salvación a la fuga, abandonando por completo el campo de batalla, en medio de una espantosa gritería que arrancaban de sus gargantas la desesperación y el miedo. ¡Qué espectáculo tan terrible! Revueltos y confundidos infantes y caballos, veíaselos rodar por ásperos despeñaderos empujados por el temor que los llevaba a una muerte segura; tropezar con los árboles que embarazaban su marcha y subir con una agilidad maravillosa hasta las más altas y escarpadas rocas de la salvaje Sierra-Bullones. De vez en cuando, entre el clamoreo de las dispersas huestes, oíase un grito agudo, un ¡ay! prolongado que hacía estremecer de angustia; era el postrer lamento de algún moribundo que se arrastraba agonizando y huyendo todavía a través de espesos jarales.

Desde este momento, la acción pudo darse por terminada. Solo otra vez, aunque ya más débilmente, el enemigo intento recuperar las alturas que había perdido por la derecha, guarnecidas entonces por el batallón de Chiclana, frente a la Casa del Renegado. Al principio obtuvo algunas ventajas merced a su número; pero bien pronto, reforzadas nuestras tropas, fue como de costumbre, escarmentado y perseguido hasta sus últimas guaridas.

Yo había presenciado la parte más principal del memorable combate de este día, agregado al estado mayor del conde de Reus, cuyo cuerpo de ejército había tomado posiciones en los bosques cercanos a aquellos en que tan gloriosamente se lidiaba, como medida de precaución, y solo para un caso de necesidad. Mientras duró la lucha, vi pasar por delante de mí multitud de heridos, entre otros, un soldado del regimiento de Córdoba, a quien una bala había atravesado el hombro izquierdo. Venía incorporado en la camilla, y viéndole tan animado, le preguntaron al pasar por cerca de donde yo estaba:

—¿Dónde te han herido?

—Camino del Boquete.

—¿Sufres mucho?

—Algo; pero es por no haber podido disparar más que un solo tiro.

Respuesta heroica que revela cuál era el espíritu que en esta ruda y penosa campaña animaba al soldado español, tan generoso, tan valiente y entusiasta.

Los heridos que no iban de peligro, al llegar por frente de algún batallón, dispuesto para el combate, gritaban con la mayor energía: ¡Viva la reina! ¡Viva España!

Estaban orgullosos de haber vertido su sangre en servicio de la patria que tan magníficamente sabía comprender y apreciar su resignación y su heroísmo.

Cuando llegué al sitio en que la acción había sido más reñida, entre los reductos de Isabel II y Francisco de Asís, se apoderó de mi corazón un vivísimo sentimiento de horror y lástima. El campo estaba lleno de cadáveres en cuyos rostros apenas había tenido tiempo de imprimir su lívida huella la muerte. Algunos soldados colocábanlos piadosamente en montón a ambos lados del camino, con objeto de dejar expedito el paso; valiéndose, para llevar a cabo esta triste operación, de camillas improvisadas con ramas de árboles y mantas.

Cerca del reducto, había cuando subí dos soldados muertos. El coronel Molins que pertenecía al estado mayor del conde de Reus y que cabalgaba a mi lado, observó a pocos pasos de uno de los cadáveres un papel doblado, y la curiosidad le obligó a recogerlo. Era una carta cuya primera línea decía: ¡Querido hijo! Tal vez el infeliz que yacía sin vida, habría recibido el día antes, aquel papel escrito por la trémula mano de una madre impaciente y desconsolada; acaso le hablaría en él de sus esperanzas y de sus amores... ¡Ay! ¡Pero no de la muerte!

El coronel rompió la carta sin querer enterarse de su contenido; mas sin duda debió cruzar por su imaginación algún pensamiento doloroso y siniestro, porque exclamó visiblemente alterado:

—¿Quién sabe si los que tenemos hijos moriremos también sin abrazarlos por la vez postrera?

Cuarenta y ocho horas después, en un barranco próximo a los Castillejos, cargando denodadamente con el general Prim y su escolta, los temores del coronel Molins se realizaron para su desdicha. Una traidora bala, hiriéndole en la frente, puso fin a los días de este militar bizarro y pundonoroso, quien, como había dicho, tuvo el dolor de morir sin abrazar a sus hijos por última vez.

Es preciso creer en los presentimientos del corazón.

La pérdida que el día 9 de diciembre tuvieron los moros fue considerable. Entre los cadáveres que no pudieron retirar del campo y que fueron a la caída de la tarde pasto de las llamas, había algunos de viejos casi abrumados por el peso de la edad. Si les hubiesen profetizado algunos meses antes que habían de morir en un campo de batalla ¿lo hubieran creído? No, seguramente. ¿Quién había puesto en sus caducas manos las homicidas armas? ¿Quién los había arrancado de sus olvidadas chozas de Anghera o Ben-Yusuf, y empujado a la pelea? El poderoso sentimiento que inspiran Dios y la patria, capaz, no solo de encender la sangre de los ancianos, sino hasta de animar dentro de sus mismas tumbas las cenizas de la humanidad que ha muerto.

V

Desde la decisiva acción del 9 del diciembre, cuya gloria pertenece al bizarro general Zabala, justamente agraciado por los méritos que contrajo este día con el título de marqués de Sierra-Bullones y la grandeza de España, comenzó una nueva serie de combates más o menos comprometidos y empeñados; pero, monótonos y parecidos, que se prestarían poco o nada a la variedad y esparcimiento de la narración. Los moros se persuadieron de la inutilidad de sus esfuerzos para apoderarse de los reductos, cuyos trabajos de fortificación se concluyeron o completaron después de la recia acometida del 9 de diciembre, abriendo caminos entre unos y otros, limpiando los espacios intermedios de árboles y malezas por donde antes no podía darse un paso sin exponerse, como Absalón, a quedar colgado de una rama, artillando, en fin, no con pocas dificultades por la escabrosidad imponente del terreno, los fuertes que carecían de este imprescindible medio de defensa. Pero el espíritu inquieto, bélico y supersticioso de las cabilas, si bien escaseó sus embestidas contra las fortalezas improvisadas en las alturas que hasta nuestra entrada les habían pertenecido, no por eso se debilitó en el ocio ni se amilanó por la desgracia; antes cobró mayores bríos y ofreció a nuestros soldados nuevas ocasiones de gloria y de fortuna. El campo de lucha fue desde entonces otro, pues con escasas excepciones, casi todos los encuentros que hubo hasta que el ejército se puso en movimiento hacia Tetuán, se verificaron en el llano de los Castillejos o en las sierras más inmediatas a él. Los moros no podían ver con paciencia, y se comprende bien, los trabajos que practicaba la división de reserva del conde de Reus, encargada de abrir camino hacia la ciudad santa, velada a nuestros ojos por la avanzada punta del Cabo-Negro, desde cuya atalaya los amedrentados vecinos de Tetuán podían descubrir en los días claros las blancas tiendas de nuestros campamentos.

La guerra tenía un carácter feroz e implacable, que en vano procuraban contrarrestar nuestros generales por cuantos medios creían oportunos. Los moros, tal vez falsamente informados por sus intolerantes alfaquíes, de nuestras intenciones y propósitos, creyendo indudablemente que si caían en nuestras manos no podían esperar piedad alguna, preferían morir lidiando a rendirse; así es, que con una tenacidad horrible se les veía blandir la gumía sin cejar nunca y revolverse contra nuestros soldados hasta en los postreros estremecimientos de la agonía.

Se comprenderá, pues, fácilmente el sentimiento de sorpresa y admiración que se apoderaría de todos nosotros cuando en la acción del 20 de diciembre, reñida y empeñada como todas, supimos que se había logrado hacer un prisionero: ¡uno solo! Al cabo había habido un marroquí que se confiara a la nunca desmentida generosidad española; que entregara su vida, no a la punta de una bayoneta con rencorosa desesperación, sino a la clemencia de nuestros valientes soldados. ¿No era esto casi un triunfo?

Yo, que los había visto combatir hasta exhalar el postrer aliento y agitar moribundos la cortante gumía antes de entregarse a los que les ofrecían la existencia y a quienes insultaban con el dictado de perros cristianos; yo que los había visto arrastrar a sus heridos, haciéndolos chocar en su rápida fuga con los troncos y peñas del camino, porque no cayesen en nuestras manos, no pude menos de impresionarme vivamente, lo confieso, cuando supe que uno de estos bárbaros había quebrantado la sangrienta costumbre de los hijos de Mahoma. Lleno de curiosidad, como comprenderán mis lectores, salí en su busca. Estaba en el reducto de Isabel II, sufriendo con una resignación estoica la cura de tres heridas levísimas que tenía en el rostro, en la muñeca derecha y en el pecho. Su continente era altivo y grave; hasta parecía que en su ademán se reflejaba el fatal ¡Dios lo quiere! que tanto valor y heroísmo ha inspirado siempre a todas las razas muslímicas. El prisionero tendría como unos cincuenta años; era alto, anguloso; de cejas espesas, mirada penetrante, nariz roma, boca hundida, barba canosa y puntiaguda; su fisonomía más que vulgar, era áspera y selvática. Llevaba un inmundo jaique rayado, con la capucha caída, sobre los ojos, como si quisiera ocultar la vergüenza de su vencimiento, una camiseta de algodón y unos calzoncillos o zaragüelles blancos, que dejaban descubierta la delgada, pero musculosa pierna. Calzaba unas babuchas, amarillentas y terrosas.

Al principio se manifestaba receloso; mas pronto la confianza empezó a renacer en su corazón. Cuando vio el caritativo esmero con que curaban sus heridas, su rostro se animó y dijo con tranquila calma a uno de los médicos que le asistían:

—Dios te lo pague, buen Tebib.

Y volviéndose hacia uno de los intérpretes, añadió sin muestra alguna de adulación ni miedo:

—¡Proteja Dios a los españoles como ellos protegen a sus enemigos!

Después pidió agua; humedeció sus labios, resecos por la emoción y la fatiga, y se puso en pie para seguir a los encargados de su custodia.

Los soldados se arremolinan para verle pasar, silenciosos y graves, conociendo instintivamente el respeto que se merecen las grandes desventuras, y el moro como si comprendiera también lo que la actitud de los cristianos significaba, señalaba con la mano derecha al cielo, y parecía decir: ¡Dios lo ha impuesto!

El prisionero, cogido por cuatro cazadores de Mérida, a quienes premió y recompensó con largueza el general en jefe, se llamaba Besem-el-aham-Ebn el Susi-Amurí, pertenecía a la tribu de Beni-Amar, y el pueblo de su residencia era Arcila, pobre ciudad de la costa que contendrá escasamente mil habitantes y que es sin embargo, célebre en la historia de la península, entre otros muchos sucesos notables, por haber desembarcado en ella el infortunado rey don Sebastián.

¡Qué sentimiento tan poderoso es el de la familia aun entre los pueblos bárbaros o incultos! Aquel hombre que había soportado la cura de sus heridas y las humillaciones de su cautiverio con impávida resolución, se enterneció como un niño al acordarse de su hogar y de sus hijos. ¡Ay! yo comprendo muy bien la mezcla íntima de placer y melancolía que debió apoderarse de su alma al recordar, en medio de unos enemigos que él había creído implacables y que le cuidaban, no obstante, como a un hermano, el amor de sus hijos, que tal vez le llorarían muerto.

Pasados pocos días se presentó en nuestro campo, un moro negro, raquítico, andrajoso y hambriento, dando grandes alaridos y voces. Preso por nuestras avanzadas, no tardó en demostrar con sus gestos, contorsiones y palabras incoherentes que estaba loco. Lo primero que hizo fue pedir pan, que comió con ansia; luego declaró que él era Dios y que si los cristianos no desistían de su empresa, mandaría sobre ellos los rayos de su divina cólera. Tal vez los sobresaltos de la guerra y las desdichas que trae consigo, influyendo en un cuerpo debilitado y empobrecido, habrían hecho perder el juicio al infeliz.

A todo esto las acciones seguían repitiéndose casi sin interrupción. En las muchas que dio y ganó el general Prim sobre camino de los Castillejos, los moros empezaron a comprender que eran poca cosa para detener el empuje de nuestras huestes. En uno de estos combates perdieron la primera bandera, y por cierto que no quedó para contarlo el santón o alfaquí a quien los veteranos de la cabila habían encomendado su guarda y defensa. Ondeándola orgullosamente, caracoleaba montado en su caballo tordillo, a medio tiro de nuestras primeras guerrillas, sin que parecieran intimidarle en lo más mínimo las muchas balas que caían en torno suyo; iba y venía impasiblemente, con ese desprecio a la muerte, que tan valerosos y tan conquistadores ha hecho en todos los tiempos a los pueblos musulmanes, y que es uno de los fundamentos de su doctrina religiosa. Admiración causaba, en medio de todo, la presencia de ánimo y la decisión de aquel hombre que avanzaba solo, desafiando el mortífero plomo, hasta las posiciones mismas de sus enemigos; pero la muerte nunca se admira, ni respeta nada, y en lo mejor de su aventurada carrera sorprendió al santón aniquilándole. Viósele de pronto vacilar y caer; el generoso corcel como si comprendiera el peligro de su amo, se paró a su lado: el alfaquí hizo un esfuerzo y se incorporó; pero no pudo hacer más y volvió a caer desplomado al suelo como il corpo morto cade. En este punto otra bala hirió mortalmente al caballo que se agitó en su dolor, levantando una nube de polvo bastante densa para ocultar por un momento aquella escena sangrienta. Cuando la nube se disipó, caballo y caballero, estremeciéndose aun con las postreras convulsiones, agonizaban a pocos pasos uno de otro, a la vista de ambos ejércitos; pero al alcance solo del auxilio de Dios, que todo lo puede y remedia.

El primer día de Pascua, aconsejados sin duda los moros por los muchos renegados que de todas las naciones de Europa cuentan en sus aduares y aldeas; imaginando quizá que podrían encontrar a nuestros soldados desprevenidos o postrados por los excesos de la noche de Navidad, y no escarmentados todavía, a pesar de los muchos descalabros que habían sufrido, intentaron sorprender nuestro campo; pero como siempre, a pesar del misterio con que se acercaron y del valor que naturalmente debía infundir en su ánimo supersticioso, la profecía, de un santón que les había anunciado para aquel día la ruina del ejército cristiano y la toma de Ceuta, nuestros enemigos fueron derrotados y perseguidos hasta el extremo de obligar a muchos a buscar su salvación, huyendo de nuestras bayonetas, en el agitado seno del mar.

¿Y qué podré decir de la Noche Buena? Verdad es que hubo durante sus primeras horas, luminarias y hogueras en nuestro campamento; que se cantó, que se bailó, que poblaron el espacio las armonías de las músicas militares; pero esta alegría solo sirvió para hacer más doloroso el recuerdo de la apartada patria, donde a aquellas mismas horas habría también más de un lugar vacío en el seno de muchas familias, más de una lágrima en los ojos de muchas madres...

Un día luchando y otro descansando, entre los horrores de la epidemia, nunca harta de heroicas vidas, y los furores de la tormenta que parecía reinar como absoluta señora en las cumbres escarpadas de aquellos riscos casi inaccesibles, pasó nuestro ejército todo el mes de diciembre, impaciente y a por avanzar y huir de los infestados sitios en que acampaba. Dos días antes de emprender su marcha, el 30, castigó con otra nueva victoria la audacia marroquí, y nuestra escuadra, compuesta del navío y del vapor Isabel II, de las fragatas Blanca y Princesa de Asturias, esta última recién salida del astillero de la Carraca, de la corbeta Villa de Bilbao y de los vapores Vasco Núñez de Balboa, Vulcano, Santa Isabel, León y Colón, hizo conocer a los vecinos de Tetuán, bombardeando el fuerte Martín sobre la embocadura del Guad-el-Jelú, la suerte que les esperaba en los azares de la guerra.

Para este fin, llegaron a Ceuta el 29 nuestras naves desde la bahía de Algeciras. Nada más bello que verlas entrar en el puerto, primeros albores de nuestro poder marítimo renaciente, meciéndose en las olas y enseñando sus temibles bocas de fuego como una amenaza contra los enemigos de la patria. El navío, sobre todo, parecía un castillo flotante, y atraía con orgullo las miradas de cuantos sentían latir dentro del pecho un corazón español. ¿Quién no recordaba aquella antigua y famosa marina que fue la primera en dar la vuelta al mundo y la última en ceder, cuando en las aguas de Trafalgar, luchó, o mejor dicho, sucumbió gloriosamente en defensa de un aliado, entonces, por cierto, bien poco agradecido?

Al siguiente día de su arribo a Ceuta, salió la escuadra con rumbo al Cabo-Negro. El cielo estaba despejado como en una mañana de primavera, y el Sol plateaba con sus vívidos rayos las dormidas aguas del mar. La armada avanzaba lenta y majestuosamente, cortando las olas, y medio envuelta en las sombras que dibujaba en el líquido elemento la prolongada manga de humo de los vapores. Así en la ciudad como en el campamento, todos observábamos con inquieta y mal disimulada curiosidad la marcha de nuestras naves, hasta que las perdimos de vista cuando doblaron la punta de Cabo-Negro; detrás de la cual se extiende una espaciosa ensenada, defendida, no solo por el fuerte Martin, sino por varias baterías rasantes. No muy lejos de la fortaleza que como saben mis lectores, guarda la entrada del río de Tetuán, empieza una cosa áspera y abrupta que termina en la antigua Regencia de Argel y que es el espanto de todos los hombres que surcan el mar, no solo por las sombrías cortaduras de sus amenazadoras rocas, sino por la inhospitalaria barbarie de sus moradores en todos tiempos crueles y desalmados piratas. Conócese con el nombre de Costa de Hierro, y en ella es donde, verdaderos nidos de águila, se levantan los peñones que España conserva en África, como un recuerdo de su pasada grandeza, o como una esperanza de sus futuros destinos.

A poco de haberse escondido la escuadra detrás del Cabo, una espesa e interminable humareda llenó el hueco que ofrecía en perspectiva la ondulada costa, y aunque debilitados por la distancia llegaron a nuestros oídos los pavorosos estampidos de cañón cada vez más frecuentes y aterradores. No es posible formarse idea del animado espectáculo que ofrecía entonces el Mediterráneo, sobre todo para nosotros, para los españoles que sabíamos lo que aquella niebla decía, lo que el eco nos anunciaba y que llegábamos con el alma donde no podíamos llegar con la vista. Solo divisábamos el humo que se escapaba por los lados y por cima del Cabo, y sin embargo, lo veíamos todo con los ojos del corazón; y era tan profundo el sentimiento que nos embargaba, que no podíamos apartar la mirada de aquellas nubes de humo en donde encontrábamos nosotros todo el interés de una epopeya.

En el momento mismo en que nuestra armada desmantelaba el fuerte Martin, el ejército alcanzaba otro nuevo triunfo contra las huestes mahometanas; el cañón de España retumbaba a la vez en el mar y en los bosques.

Era el anuncio de la heroica batalla de los Castillejos que dos días después había de excitar el entusiasmo de la patria y la admiración de Europa.

VI

Como estaba de antemano dispuesto, al amanecer del día 1.º de enero el ejército expedicionario, a excepción del cuerpo de vanguardia que quedó guarneciendo los fuertes con el general Echagüe a la cabeza, emprendió la marcha en dirección a Tetuán por el camino abierto hacia los Castillejos. Salió primero la división mandada por el conde de Reus, siguió el segundo cuerpo a las órdenes del conde de Paredes con el cuartel general, y cerró la retaguardia el tercer cuerpo, a cuyo frente iba el general Ros de Olano, conde de la Almina.

Antes de llegar el general Prim al sitio que se le había designado para hacer alto y acampar, encontró las alturas inmediatas a los Castillejos pobladas de moros que se lanzaron furiosamente contra nuestras tropas en recia sacudida. La escasa división de reserva no solo resistió sola este primer ataque, sino que animada de belicoso entusiasmo tomó una por una a los marroquíes todas las posiciones que ocupaban, luchando con un arrojo, con un encarnizamiento imposibles de describir. Desde las ocho a las dos estuvieron las fuerzas dirigidas por el general Prim combatiendo denodadamente contra una muchedumbre de moros que cada vez iba en aumento, como si surgieran de la tierra por entre las cañadas y por las cumbres de los cerros. A eso de las dos y cuarto, la posición del conde de Reus era tan crítica, casi envuelto por el número de sus enemigos, que pidió refuerzos con toda premura, viniendo en su auxilio el regimiento de Córdoba, del segundo cuerpo, cuyos soldados, dispuestos para la marcha, llegaron rendidos con el peso de la mochila, en la cual, además de las prendas de su equipo, llevaban raciones para siete días.

El general Prim dispuso que dejasen este estorbo en un mogote seco y pelado situado a retaguardia del campo de batalla y que sobresalía entre todos los que le rodeaban, llenos de áspera y robusta vegetación, por su esterilidad inexplicable. Diríase que estaba creado de antemano por la naturaleza para teatro de un gran acontecimiento.

Ya desembarazados de la mochila, siguiendo valerosamente a su general, nuestros soldados se lanzaron decididamente contra las huestes marroquíes, cada vez más osadas y emprendedoras; pero a pesar del empeño de nuestra gente, los moros, fuertes por su número, no cejaron un paso, antes bien se precipitaron como una nube sobre los batallones españoles, fatigados de la larga duración de un combate desigual y mermados considerablemente por las pérdidas que habían sufrido.

La resistencia fue tan enérgica y vigorosa, que nuestras tropas se vieron obligadas a retirarse de casi todas las posiciones que habían ocupado. La morisma caía sobre nosotros con la violencia y el estrépito de una avalancha que rueda de lo alto de las cumbres al fondo de los valles, y era tal su frenesí que ni a pedradas pudieron contener nuestras guerrillas su ímpetu siempre creciente. El general Prim a duras penas podía sostenerse en la primera posición que había conquistado y desde la cual, si la hubiera perdido, las turbas mahometanas habrían destruido sin remedio su cuerpo de ejército, ya bastante quebrantado; como que la posición disputada era un cerro que dominaba todos los inmediatos hasta la playa. La situación no podía ser más grave; pero hubo un incidente que la hizo más conmovedora.

Un regimiento, el de Córdoba, tenía empeñada su honra en esta empresa; su honra que era la del ejército, la de la nación entera. Los moros en su irresistible acometida llegaron hasta el mogote o cerrillo en que el regimiento indicado había dejado las mochilas. Dos veces nuestras tropas animadas por la desesperación, le reconquistaron y las dos volvieron a perderle, acorraladas por el número cada vez mayor de sus contrarios. En tan solemne momento, el conde de Reus arenga a los soldados; pero éstos vacilan. Solo un rasgo de heroísmo podía evitar a nuestras armas la ignominia de una derrota, y el general no duda un solo momento. Arranca la bandera de Córdoba de manos del oficial que la conducía, y, volviéndose a los soldados, exclama con voz enronquecida por la fatiga y el coraje: «En esas mochilas está vuestro honor, venid a recobrarlo; sino yo voy a morir entre nuestros enemigos y a dejar en su poder para mayor vergüenza vuestra, la bandera que tantas veces os ha guiado a la victoria». Y esto diciendo, pica espuela a su caballo y se mete denodadamente, tremolando la bandera, por medio de las filas marroquíes y detrás de él al grito de ¡viva la reina! las tropas entusiasmadas, ciegas, dispuestas a morir con su general o a vencer. El espectáculo que entonces ofrecía el campo, no se explica, se siente y se admira; los más valientes, los que primero habían acudido al llamamiento del conde de Reus, cayeron acribillados de heridas; la bandera estaba agujereada por mil partes; el caballo del general herido. Aquello era la boca del infierno; las balas silbaban a millares en un reducido espacio, y rodaban en todas direcciones moros y cristianos revueltos y confundidos. La lucha se trabó cuerpo a cuerpo, hasta que después de una resistencia vigorosa, heroica, los marroquíes tuvieron que abandonar el campo, y el regimiento de Córdoba rescató con sus mochilas su bandera, que es ya un monumento histórico, un título de gloria para los que la salvaron.

No contribuyó poco a este resultado la aparición repentina del bizarro general Zabala con algunos batallones de su mando. Con el valor imperturbable de que tantas pruebas ha dado en las difíciles y peligrosas ocasiones de su brillante vida militar, avanzó a caballo hasta los puntos más comprometidos, donde permaneció con la mayor indiferencia en medio de una lluvia de balas, sin querer resguardarse del fuego enemigo. Él era, acompañado de sus ayudantes que no se apartaban de su lado ni un solo momento, la única figura que se destacaba en aquel campo de exterminio y muerte, donde los soldados para no presentar blanco estaban sentados y escondidos tras de los árboles. De milagrosa puede calificarse la circunstancia de que no le hirieran, mucho más, cuando a su lado cayeron el coronel Guerra, gobernador de su cuartel general, el teniente coronel García Tassara y el capitán de caballería don Ramón Zabala, sobrino del conde de Paredes. El cuartel general del segundo cuerpo que en la notable jornada del día 9 de diciembre había tenido cuatro bajas, quedó reducido con la pérdida del día 1.º de enero, a su más mínima expresión; y bien puede decirse que los oficiales pertenecientes a él que salieron ilesos, se salvaron del naufragio en una tabla, pues las balas menudeaban como no es posible formarse idea, y el combate fue tan empeñado en algunos puntos, que apenas habría veinticinco pasos entre las tropas españolas, y las marroquíes, nunca tan resueltas y atrevidas.

Mientras que los generales Prim y Zabala reconquistaban tan animosamente las posiciones antes perdidas, los Húsares de la Princesa daban una carga brillantísima, y arrastrados por su valor, penetraban violentamente, sufriendo un horroroso fuego, hasta el mismo campamento enemigo. Allí los moros, resguardados detrás de sus tiendas, causaron en las filas de nuestra caballería pérdidas de consideración; entre otras, la de dos jefes que la mandaban, ambos heridos, y la de un joven oficial muerto el mismo día que cumplía años y entraba por primera vez en acción. Entonces fue cuando el cabo Mur arrancó con la vida a un alfaquí la bandera amarilla que en los días anteriores había hondeado al frente de nuestros contrarios.

Nuestras pérdidas, en la gloriosa batalla de los Castillejos, pasaron de mil hombres muertos y heridos. El general en jefe, cuando todavía el fuego era vivísimo, se adelantó hasta las primeras guerrillas de la reserva, convertida este día en vanguardia, con la espada en la mano, infundiendo nuevo aliento a los soldados. Avanzó tanto, que el general Prim se creyó en la obligación de detenerle en su camino diciéndole amistosamente, pero con tono resuelto:

—Mi general: aquí mando yo y no le permito a usted pasar adelante.

El duque de Tetuán comprendió la razón que asistía al conde de Reus para estorbarle el paso, y aunque de mala gana, se retiró no lejos del peligro; pero sí a donde no pudiera tan fácilmente alcanzarle una bala y comprometer con una catástrofe la suerte del ejército.

En esta jornada hicimos bastantes prisioneros, siendo el más importante y el más extraño de todos, uno a quien llamaban sus compañeros alcaide de Larache. Era de fisonomía inteligente y viva; su cabeza medusina, cubierta de asquerosos y enredados cabellos, producía un efecto difícil de expresar, una singularísima mezcla de admiración y espanto. Contaría escasamente treinta años; era moreno, de facciones regulares, de ojos ardientes y mirada altanera; alto, enjuto y vigoroso. Había, sin embargo, en aquel rostro, casi hermoso, un sello de ferocidad que repelía; una sombra moral, por decirlo así, que destruía en mucha parte la simpatía que su desgracia inspiraba. Mostrábase poco resignado con su suerte, y pasaba los días rezando o riñendo con una exaltación fanática, a los demás marroquíes prisioneros, heridos también.

El que lo estaba más levemente era un moro de ley, capitán, según decía, de cien caballos. No desaprovechaba ocasión en que manifestarse agradecido, y alargaba la mano con sumisión y respeto a cuantos le visitaban, entablando con ellos por medio de una mímica expresiva y continuada, diálogos animados y curiosos.

Un soldado de la fuerza que los custodiaba, compadecido de él le colgó al cuello un escapulario de la virgen del Carmen para que, por la santa intercesión de María, le libertase Dios de todo riesgo y abriera a la luz de la fe los ojos y la inteligencia del infiel; rasgo de caridad sencillo, pero nacido del corazón, que me hizo recordar aquel verso de un notabilísimo drama español:

—¡Lástima que este moro no se salve!

Terminada la acción, cuyas consecuencias fueron incalculables, nuestras tropas acamparon en los mismos sitios con que tanto encarnizamiento nos habían disputado los marroquíes: la división Prim, más allá de la Casa de Morabito, rústico albergue de un santón retirado del mundo, situado sobre un cerro no muy distante de aquel en que fue más reñida la batalla; el cuartel general en el Cerro de la Condesa, cuyo nombre ignoro qué origen tendrá, y cubriendo la retaguardia, el tercer cuerpo de ejército.

A la mañana siguiente se supo con dolor en nuestro campo, que el general Zabala, cuyo heroico comportamiento en la batalla del día anterior había sido tan justamente encomiado, había amanecido con una pierna completamente baldada. La enfermedad, menos piadosa que las balas, salió a detenerle en el camino de su gloria. El conde de Perales, con una desesperación tan grande que hacía más vivo el sentimiento de cuantos le conocían, no sin haber hecho antes pruebas repetidas para ver si podía sostenerse en pie, tuvo que volver a Ceuta, víctima de los más acerbados dolores, así morales como físicos, y en aquella ciudad estuvo algunos días, consumido por la impaciencia y contando con ira las horas que pasaba lejos de sus soldados de quienes era tan respetado y querido.

Verdad es que para un hombre de su temple, este estado era en efecto terrible. El ejército se encontraba en un momento apurado y peligroso. Cuando las comunicaciones por tierra se habían interrumpido y solo podía esperar socorro y víveres por el mar, una furiosa tempestad vino a desvanecer sus esperanzas. Los buques que estaban en la ensenada de Cabo-Negro tuvieron que largarse a toda fuerza de vapor y vela, marchándose unos a Puente-Mayorga y otros a la bahía de Ceuta. Cuatro días estuvo el ejército incomunicado, sin que la borrasca calmase. En este tiempo los víveres empezaron a escasear; la raciones que los soldados habían llevado para el camino estaban agotadas, y mesa de general hubo donde el último día de la tormenta, se comieron solo, en vez de pan, algunas migajas de galleta. A la vista casi del ejército, pareció la goleta Rosalía que, por orden superior, se había quedado aguantada en la costa africana, salvándose con mucha dificultad la tripulación. En Algeciras se fue también a pique el vapor de guerra Santa Isabel, arrojado contra una peña de la playa por un golpe de mar, y en Ceuta mismo estuvo a punto de desaparecer con toda su gente la lancha cañonera n.º 8 que tan buenos servicios había prestado contra los marroquíes.

Yo me hallaba a la sazón en Ceuta, a donde había regresado enfermo del campamento. Allí pude ver todo el horror de la tempestad desencadenada. Las olas enfurecidas y espumosas rebasaban el muelle arrastrando todo cuanto encontraban en su impetuoso camino. Las pipas de vino flotaban a merced del irritado mar que inutilizó a la vista de la población consternada más de treinta mil raciones de pan y harina. ¡Ya nuestros hermanos sentían los primeros amagos del hambre! La mayor parte de las bateas de desembarco, refugiadas en el puerto, se sumergieron chocando unas con otras. Oíase a larga distancia el rugido del viento como un gemido de dolor y rabia, y el estrepitoso rumor de las olas ensordecía el espacio. Divisábanse a lo lejos verdaderos montes de espuma que se acercaban tronando hasta la costa para saltar por algunos lados las fuertes murallas que resguardan a Ceuta por el mar. ¡Qué no pasarían en aquellos tremendos días los pobres convalecientes, recogidos en los barcos-hospitales y expuestos al agitado movimiento de las olas que levantaban y hundían las más poderosas naves como débiles aristas el aire!

¿Es extraño que el general Zabala sobrellevase en esta ocasión con impaciencia la dolorosa circunstancia que le separaba de sus queridos compañeros de armas? La suerte del ejército era entonces la preocupación constante de todos: recelábamos que se le acabasen las provisiones de reserva y se encontrase solo, sin amparo, desprovisto de recursos, lleno de enfermos e incomunicado en país enemigo. Y nuestro temor aumentaba de hora en hora, sobre todo el último día de la tormenta, porque ésta, lejos de calmarse, parecía acrecentarse por momentos. La lluvia menuda y fría que había estado cayendo toda la mañana, se convirtió a media noche en un aguacero espantoso, acompañado de truenos, relámpagos y rayos.

Las calles de Ceuta parecían ríos desbordados; las casas, sin que haya exageración en cuanto digo, se calaban como si fueran de lona, y hubo en muchas necesidad de abrir cauce a las aguas que habían inundado completamente los zaguanes y patios. A todo esto, el viento seguía agitando tumultuosamente las olas, y más de una vez se confundió con el fragor del trueno, el estampido del cañón que demandaba auxilio.

Entretanto, el conde de Lucena viendo que el templo arreciaba, había dispuesto que al siguiente día el general Prim con su división marchase a Ceuta por víveres. La necesidad era apremiante, y no tenía espera. En efecto, disponiéndose estaban para la expedición los batallones en quienes todo el ejército cifraba sus esperanzas, cuando el grito de: ¡un vapor! resonó en el campamento. Los soldados, rápidos como el pensamiento, corrieron hacia la playa, palmoteando y llenos de alegría como si nada hubieran sufrido, para observar desde allí con los ojos que animaba el deseo, los movimientos de un punto negro, que se divisaba a larga distancia, y que venía aproximándose velozmente. No gritaron los compañeros de Colón al columbrar, en medio de las tinieblas de la noche, la luz misteriosa en la costa americana «¡Tierra! ¡Tierra!» con más entusiasmo que nuestros soldados, después de su penosa incomunicación con la madre patria: «¡un vapor! ¡un vapor!» extendiendo sus brazos hacia el mar. La confianza renació en todos los ánimos, y a pesar de que aquel día no pudo desembarcar nadie del Duero, que era el primer vapor que había llegado, se desistió de la proyectada expedición a Ceuta.

Aquella misma tarde llegaron la escuadra y los demás vapores mercantes, amparados durante la tormenta en Ceuta o Puente-Mayorga.

Al día siguiente todos se habían olvidado del temporal; la calma había renacido otra vez en el mar y en los corazones.

Cuando yo, restablecido a medias de mi dolencia, volví a incorporarme al ejército, este acampaba sobre el río Azmir o Guad-el-Kebir, como, recordando sin duda, el que riega los campos de Córdoba y Sevilla, le apellidan los marroquíes. Aunque accidentado, el terreno en que nuestros soldados habían levantado sus tiendas, no ofrecía, sin embargo, las dificultades que la áspera Sierra-Bullones; sus colinas eran más despejadas y no tan pendientes como las que habíamos dejado atrás; no embarazaban ya nuestra marcha espesos alcornoques, ni copiosas encinas, y si bien pocas, veíanse algunas lomas completamente peladas, o donde solo crecía el enano palmito de largas y esparcidas hojas.

A retaguardia, sobre nuestra derecha, alzábase un cerro, escaso de vegetación, pero temible por las enormes piedras que le coronan y que blanquean, destacándose, heridas por los rayos del Sol, entre la yerba, como jaiques morunos en el campo, después de una batalla. El río Azmir, Azemir, o Guad-el-Kebir, porque cada uno le daba su nombre, corría, o más bien, se estancaba a nuestros pies. Sobre un lecho de arena, como el del humilde Manzanares, entre las vertientes de dos colinillas, manda el Azmir lentamente sus escasas aguas al mar, que a pocos pasos se extiende hasta confundirse con el horizonte. Río humilde y sin recuerdos hasta ahora, a nuestra expedición deberá el vivir en la historia, cuando apenas podía aspirar a vivir en la geografía. Allí, en sus tristes y solitarias márgenes, nuestros soldados lucharon dos veces contra sus enemigos, y por espacio de cuatro días contra la más espantosa borrasca que pueda surgir de aquellos mares tempestuosos. Atormentáronles las privaciones, y diezmoles la epidemia; pero ellos, con la esperanza puesta en Dios y el pensamiento en la patria, sobrellevaron con paciencia, huracanes, lluvias, cólera y hambre.

El mismo día de mi vuelta al campamento hubo otro nuevo combate. Desde por la mañana se habían visto aparecer por las quebraduras del terreno, grupos de moros, que se adelantaban silenciosamente hacia nuestras guerrillas avanzadas. Su número fue creciendo progresivamente, hasta que a eso de las doce y media o una, se trabó, por fin, la lucha. Nuestros soldados tenían orden de no hacer fuego sino cuando tuvieran muy cerca a sus astutos enemigos, y cumplieron con tanta exactitud cuanto se les había mandado, que algunas guerrillas solo dispararon en ocasión en que podían haber hecho uso de las bayonetas. La artillería jugó en esta acción admirablemente: yo vi caer una granada sobre el cuarto trasero de un caballo tordillo, que caracoleaba en vanguardia de las filas mahometanas, y vi también rodar por la arena caballo y caballero, en medio de los nutridos aplausos de cuantos habían presenciado los efectos de la puntería. Pero, con nuevo asombro, vimos después de levantarse al jinete, acercarse a la mal herida cabalgadura, quitarla la silla encarnada, echarse los arreos sobre la cabeza, y marchar tranquila y reposadamente hacia donde, huyendo del estrago de los cañones, se habían retirado los suyos.

En la escaramuza de este día hicimos tres prisioneros. El primero que cayó en nuestro poder, fue un mancebo, a quien apenas apuntaba el bozo, de ojos vivos e inquietos, herido en un hombro y con una oreja casi colgando: llevaba la cabeza pelada a trechos, como si hubiera acabado de convalecer de una dolencia inmunda, y su traje era una repugnante cubierta de andrajos. Llegó por su pie hasta el cuartel general, donde se entabló entre el conde de Lucena y el prisionero el siguiente diálogo:

—¿De dónde eres?

—De cerca de Orán.

—¿Son muchas las cabilas que asisten al combate?

—Pocas.

—¿Quién manda la acción?

—Muley-Abbas.

—Vaya, pues lo hace bastante mal. Vete a curar.

A todo esto, el pobre muchacho no había cesado un momento de dar mordiscos a una galleta, que le habían regalado, y se conocía que el hambre era en él superior al miedo.

El segundo prisionero vino en una camilla. Tenía completamente hecho pedazos el muslo derecho. Era un joven de rostro moreno, pero hermoso; alto, bien formado, robusto. Sufrió con resignación los dolores de la penosa cura que le hicieron, sin exhalar una queja; solo revelaban su padecimiento la contracción nerviosa de los músculos de su rostro y el rechinamiento de sus dientes.

Después pidió pan, manifestando que no había comido en dos días, y devoró con ansia el pedazo que le dieron, a pesar de los grandes dolores, que debían atormentarle.

El tercer prisionero llegó al hospital de sangre, casi moribundo. Una bayoneta le había atravesado el estómago de parte a parte. Era viejo; pero no repugnante. Apenas le curaron, se envolvió en la manta, como César en su toga después de herido, y se sumergió tal vez en los últimos pensamientos; en esas últimas meditaciones que flotan entre la muerte y la vida, como el misterioso crepúsculo de la existencia que acaba, y de la eternidad que empieza.

La acción se prolongó hasta la noche; pero con poca resolución y energía por parte de los moros. Nuestros soldados prendieron fuego a dos casuchas, que se levantaban en un cerro, próximas al campamento enemigo, y que con sus rojizas llamas iluminaron nuestra victoria.

VII

Aprovisionado y repuesto el ejército, dispuso el conde de Lucena que siguiera su interrumpida marcha. Necesitábase franquear las angosturas de Monte-Negrón que, no muy lejos de nuestro campo se divisaban, y con este objeto el día 13 de enero, al romper el alba, los marciales ecos de las músicas, pusieron en movimiento a todas las divisiones; levantaron éstas las tiendas y casi con la luz de las estrellas enderezaron sus pasos hacia los terribles desfiladeros que guardan el valle de Tetuán. Antes de llegar a ellos, en la orilla misma del mar, alzábase una atalaya medio arruinada, como todas las que coronan estas costas, y a sus pies como una docena de chozas de anea y cañizo, miserable y escondida vivienda de algunas familias moras cuyo hogar había apagado el estruendo de la guerra. Aquí fue donde primero se entabló la acción, que no tardó en generalizarse por toda la línea.

Veíanse bajar por entre los matorrales multitud de enemigos, diseminados en grupos de diez a veinte hombres cuando más, y las crestas inmediatas aparecían pobladas de marroquíes a pie y a caballo, que se dibujaban fantásticamente en el espacio como las sombras de los hunos, según la leyenda alemana. Las alturas que defendían, así como las posiciones que ocupaban cerca de la atalaya y del aduar abandonado, cayeron en nuestro poder, y donde antes se perdía la vista contemplando un número considerable de moros en orden de batalla, vimos resplandecer las victoriosas banderas de España.

Desalojados de todas partes los enemigos, aun se hubieran resistido, si un fuerte aguacero no hubiese venido a suspender la lucha. Los moros se retiraron desordenadamente camino de Tetuán, y nosotros acampamos sobre Monte-Negrón, teniendo franco el paso para aquella ciudad, donde se cifraban todos nuestros deseos.

Sobre el Cabo-Negro se levanta un castillejo cuadrilátero con almenas y ventanas, donde hasta aquel momento vivirían probablemente algunas familias mahometanas, tal vez el vigía que había observado de día y de noche los adelantos de nuestro ejército, como la verdadera personificación del miedo que reinaba en Tetuán. El cabo está cortado perpendicularmente sobre el mar, y hay a su pie un peñasco, acaso desprendido de la oscura roca, que semeja, visto de lejos, el casco de un navío abandonado al furor de las olas.

Cuando la acción estaba más empeñada, llegó a aquellas playas desde Cádiz la división del malogrado general Ríos, cuyo desembarco no se verificó hasta dos días después.

Cuando la retaguardia de nuestro ejército abandonó el campo para tomar nuevas posiciones, prendió fuego a las trincheras detrás de las cuales había estado resguardado todo el ejército. Nada más pintoresco que el espectáculo de aquella serpiente de llama que recorría rugiendo, como una faja sangrienta, la larga extensión de terreno en que nuestras tropas habían acampado. El incendio duró un gran rato; después solo se vieron inmensas espirales de humo; después nada. El fuego en su obra de destrucción se había anticipado al tiempo.

La noche que pasaron nuestros soldados fue cruel. La lluvia no cesó un momento de caer con fuerza y fue de todo punto imposible armar las tiendas. Entre las varias aventuras que entonces corrieron muchos de mis amigos, solo citaré las de un distinguido artista, que, en medio de la oscuridad y de la lluvia, se perdió entre los enmarañados desfiladeros de Monte-Negrón. Después de haber estado vagando inútilmente toda la noche, solo y sin guía, sin saber adónde dirigirse, divisó a altas horas de la noche, y durante uno de los intervalos del aguacero, una luz lejana, amortiguada por la distancia. ¿A quién pertenecía aquella luz? ¿La habrían encendido los moros o los cristianos? Mi amigo lo dudaba; mas cansado de recorrer el monte, se decidió a buscarla y ver si de una manera u otra salía del laberinto en que estaba metido. Aceleró, pues, el paso; pero antes de llegar, la lluvia volvió a apagar la hoguera: y se extravió nuevamente en aquellos peligrosos desfiladeros. Por fin, reanimose otra vez la amortiguada llama; y tomando todas las precauciones necesarias por si acaso los que la encendían eran enemigos, nuestro fatigado compatriota, rendido, calado, falto de aliento, se aproximó a ella. Su alegría fue indecible, cuando vio que los que se calentaban al amor del fuego, eran un cantinero y un asistente que también se habían perdido en las intrincadas angosturas del monte. Concediéronle franca hospitalidad, porque no les pesaba contar con un brazo más en aquellas soledades, y allí se preparó como mejor pudo para aguardar el día. En una de las excursiones que el asistente hacía para buscar leña con que alimentar la hoguera, tropezó nuestro hombre con una vaca, y volvió corriendo para poner en conocimiento de sus arrecidos compañeros de desgracia, el descubrimiento que acababa de hacer. Después de una viva discusión, resolvieron los tres apoderarse de la presa, imaginando que debía pertenecer a los moros, y en virtud de esta resolución se encaminaron hacia el sitio en que el asistente la había visto. En efecto, allí estaba; adoptáronse todas las medidas y disposiciones convenientes para asegurar la caza; pero ¡oh fatalidad! en el momento crítico, una imprudencia del cantinero la espantó, y la vaca mugiendo salió escapada. No desistieron ante este primer descalabro, y se lanzaron en busca del animal; más ¡cuánta no sería su sorpresa cuando a los pocos pasos, dieron con otro de la misma familia, y más allá con otro, y luego con otro, y luego con otro, como las cabras del cuento de Sancho!

Miráronse, no sin temor, nuestros improvisados cazadores y resolvieron volver a su madriguera recelosos de haberse metido en campo enemigo, y ya habían empezado a poner por obra su prudente determinación, cuando una voz; que para ellos debió sonar como la de un ángel, y que preguntaba no sin inquietud también: ¿Quién va? vino a detenerles en su marcha. Nuestros asendereados compañeros habían llegado en persecución de la vaca, a los últimos límites de nuestro campamento, donde pastaba tranquilamente, bien ajeno de que pudiera ser cazado por sus propios defensores, el ganado que el ejército llevaba consigo para no carecer de carne fresca. A esta casualidad debieron los tres extraviados su feliz incorporación a las divisiones cristianas.

Con ánimo de presenciar el desembarco de la división Ríos, al otro lado del Cabo, y no, perder tampoco ningún incidente, si como se anunciaba, la escuadra tenía que bombardear el Fuerte-Martin para facilitar la entrada de nuestras tropas en el valle de Tetuán, pasé aquella misma noche a bordo de un vapor. Yo creía que desembarcaríamos al día siguiente; pero no fue así y tuve que permanecer otra noche más en buque; pero una noche poética como es difícil imaginarse; noche más a propósito para sentir que para consagrarla a las inquietudes de la guerra.

El mar estaba poblado de naves. El tibio resplandor de una luz, destacándose entre la sombra, nos anunciaba que allí había un buque, y un buque en aquella tierra maldita era una esperanza consoladora. Dibujábase a poca distancia del campamento la oscura punta de Cabo-Negro, penetrando en el mar como un inmenso foco de luz rojiza y brillante que hería los ojos: era el aduar, situado al pie de la derruida atalaya, que había sido entregado al fuego para no dejar detrás de nuestro ejército aquella miserable madriguera de piratas o de bandidos. Los soldados, agitándose alrededor de la hoguera, medio envueltos en las fugaces espirales de humo que despedía, presentaban un singular golpe de vista y daban animación y colorido a aquel cuadro tremendo, triste, aunque forzosa consecuencia de la guerra: esto, entre las regaladas armonías que resonaban en la tierra y en el mar, mezclándose con el monótono rumor de las ondas y con esos misteriosos ruidos de la noche que nadie se explica y todo el mundo siente. El espectáculo era imponente y magnífico; la naturaleza estaba en uno de esos momentos que se escapan a la imaginación del artista, y que encierran, sin embargo, más poesía que cuantas epopeyas ha concebido la imaginación humana.

Nunca aquellas desiertas playas, no holladas por la civilización vigorosa de Europa, hubieran podido esperar que los ecos de las montañas próximas repitiesen las delicadas melodías de Bellini y Donizzeti, ni que surcara las olas del mar que inunda sus arenas abrasadoras de conchas y algas, la multitud de naves que entonces recorrían aquellas inhospitalarias costas, espanto muchos siglos ha del comercio y de la industria. Estaba escrito —diré yo como los árboles— estaba escrito que la guerra abriese a la civilización, a pesar de los hombres que la habitaban, aquella tierra-esfinge que nadie conoce y que se extiende casi inexplorada a las puertas mismas de la Europa cristiana, científica y aventurera...

Como estaba anunciado, al amanecer del siguiente día, las dianas militares, hirieron mis oídos e interrumpieron mi sueño; poco después vi desaparecer por los desfiladeros conquistados el día 14, los últimos batallones de nuestro ejército, y perderse entre la bruma de la mañana, allá en la punta de Cabo-Negro, los buques de nuestra escuadra, abriendo camino a los mercantes fletados por el gobierno que no tardaron en seguir el mismo rumbo.

El Duero, donde yo me encontraba, iba entre estos últimos, rápido como una saeta; tanto que al cuarto de hora de haber levado anclas, doblábamos el Cabo y divisábamos la blanca ciudad de Tetuán, perdida en una verde llanura como una azucena en el campo, y veíamos en la playa el castillejo que defiende la desembocadura del Gual-el-Jelú, las baterías, la aduana, las lagunas, los cárabos abandonados en las orillas del río, los puentes que de trecho en trecho le cruzan, los campos cultivados: toda aquella dilatada comarca donde a la aparición de la escuadra parecía haberse suspendido la vida, como herida del espanto.

El día estaba frío y lluvioso; una espesa niebla se extendía ante nuestros ojos como un transparente velo, a través del cual veíamos todos los objetos, acaso más pintorescos, porque la naturaleza tiene también su pudor de virgen. Procuraré en lo posible dar cuenta de lo que vi entonces, y haré cuanto esté de mi parte porque la descripción se acerque a la realidad, acudiendo para conseguirlo a todos mis recuerdos e impresiones.

Destacábase, sobre todo, una larga cadena de empinadas rocas, cercando un verde y fertilísimo valle poblado de blancos caseríos que parecían, vistos de lejos, palomas prontas a levantar el vuelo. En medio de esta vega sobresalía Tetuán, dominada por la Alcazaba, vetusta fortaleza situada en un cerro; Tetuán, tan sucia, tan repugnante por dentro; tan blanca, tan hermosa, contemplada desde fuera; nada turbaba la agradable monotonía de su color, ni los tejados que no tiene, ni las ventanas que, a la distancia a que nos encontrábamos, apenas se divisaban; hubiérasela creído formada como Venus, de la espuma del Mediterráneo.

A mitad de camino, hacia la playa, veíase la aduana, edificio capaz y espacioso; pero de grosera y tosca construcción; y ya en la playa misma el fuerte que tan mal parado dejaron sucesivamente las escuadras francesa y española. Era una fortaleza cuadrada y maciza en su base; pero malamente aspillerada. Subíase a ella a la sazón, por una escala de cuerda colgada a la parte exterior del muro y que alcanzaba hasta el segundo piso de la torre, donde estaba la entrada, pobre, mezquina y dificultosa. Parecía un nido de cigüeñas. Estaba artillada con siete piezas de hierro, viejas y mohosas, montadas sobre unas gruesas rodajas de madera, pintadas de negro.

Detrás del castillejo había un almacén, cuartel o lo que fuese, hediondo y sucio, con un agujero en el techo, abierto probablemente por algunas de las granadas que en poco tiempo habían caído sobre esta desdichada playa. En este edificio hallaron nuestros marinos, cuando desembarcaron, como una docena de tiendas cónicas listadas, y grandes montones de leña que sirvieron por la noche para que los soldados de la división del general Ríos, encendieran hogueras y luminarias.

A un lado y otro del almacén había esparcidas una multitud de chozas, algunas casi perdidas entre los pantanos, silenciosas y abandonadas. Sus dueños habían huido, y solo habían quedado guardándolas unos cuantos perros de ganado que nos miraban recelosamente y que escapaban a nuestra aproximación, dando lastimeros aullidos. En vano los llamábamos; en vano los ofrecíamos pedazos de pan; los pobres animales, desconociendo nuestra voz y nuestro traje, se alejaban rápida y medrosamente, tal vez con más pena que sus mismos amos, de aquellos rústicos albergues que no habían de volver a ver más.

No lejos de alguna de las chozas, estaba la tierra removida. La curiosidad obligó a varios marineros, ávidos de botín, a cavar en aquel sitio, creyendo sin duda encontrar tesoros escondidos; pero no se hizo esperar mucho el desengaño. A los primeros azadonazos la tierra les mostró el descompuesto y fétido cadáver de un moro, que, más feliz que los que habían huido, dormía el sueño de la muerte en el mismo sitio en que había nacido acaso: cerca de su humilde hogar.

Por todas partes y en todas direcciones se veían las huellas recientes de la ancha babucha moruna, de caballos, bueyes, camellos y cabras. La aparición de la escuadra había ahuyentado de allí, hombres y rebaños; todo había huido de nosotros, menos la tierra sombría y muda.

El campo estaba lleno de granadas que no habían reventado, arrojadas desde las naves francesas y españolas, que, poco antes, habían vengado allí el honor de sus respectivas naciones.

Sobre una colina, y al pie de la torre de El-heleli, alcanzábase ver, cerca de Tetuán, el campamento moro que, veinte días después, había de caer tan gloriosamente en nuestro poder con asombro y vergüenza de las huestes musulmanas.

Yo pude ver de los primeros todo esto, porque, no pudiendo dominar mi impaciencia, desembarqué apenas vi flotar sobre las almenas de Fuerte-Martin, la bandera española sostenida por un oficial de infantería de marina.

La división del general Ríos desembarcó sin el menor contratiempo y acampó aquella noche en la playa, donde a la mañana siguiente aparecieron también los demás cuerpos del ejército expedicionario.

El aspecto que en general ofrecía la comarca que ante nuestros soldados se extendía, era triste a pesar de su selvática hermosura; conocíase que la civilización no había penetrado allí y que todo era grosero y rudo. Parece mentira; pero ¿quién al ver los miserables aduares donde entre inmundicia vegeta esta gente; sus campos abandonados al vigor de una naturaleza enérgica, que si fuera ayudada por el hombre convertiría la tierra en un paraíso tal vez mejor que el que soñó Mahoma en los arenales del Yemen; las pestilentes charcas que se corrompen en esta vega, robando espacio a la agricultura y seres a la vida; la brutalidad, la ignorancia, el fanatismo en fin de este pueblo, podrá reconocer en él ni en sus obras a aquel que conquistó a España; que dejó en todas partes la huella de su genio; que construyó la mezquita de Córdoba; que levantó la Alhambra; que impulsó las ciencias hasta ser en muchas el maestro de Europa; que supo luchar, vencer, sufrir, engrandecerse, asombrar al mundo con sus sabios, sus cantores y sus huestes; con su ilustración cuando todos eran bárbaros; con su generosidad cuando todos eran crueles; con su respeto a la conciencia humana cuando todos eran fanáticos; con su caballerosidad cuando todos eran groseros?

Recuerdo haber leído que un día Abu-Becre, el sucesor de Mahoma en el califato, congregó a los muslimes para mandarlos a extender la doctrina por medio de la guerra, y les dijo:

—Si Dios os diere la victoria, no abuséis de ella, ni ensangrentéis vuestras espadas en los vencidos, ni en los niños, ni en las mujeres y débiles ancianos: en las entradas y paso por tierra de infieles, no hagáis tala de árboles, ni destruyáis sus palmas y frutales: ni estraguéis ni queméis sus campos y sus casas. Tratad con piedad a los rendidos y humillados, y así Dios usará con vosotros de misericordia. No haya falsía y doblez en vuestros convenios y tratos: sed siempre con todos fieles, leales y nobles, y mantened constantemente vuestras promesas y palabras. No turbéis la quietud de los monjes y solitarios, ni destruyáis sus moradas; pero tratad con rigor de muerte a los enemigos que resistan armados nuestras condiciones.

Esto les dijo, y esto hicieron aquellos primitivos musulmanes que conquistaron, primero Siria, luego Persia y luego África, luego España, y que si no hubiera tropezado con el valor incontrastable de los godos en Asturias y en Sobrarbe, habrían llevado sus victoriosas armas más allá de la Galia Narbonense. Hoy ¿qué queda de aquella grandeza? Menos que humo; queda la escoria. Tribus nómadas, algunas de las cuales, de sus antiguas virtudes solo conservan la frugalidad; pueblos incultos; aduares asquerosos; un idioma corrompido; un país entregado a la anarquía. Cualquiera diría, que en África el tiempo corre hacia atrás y que cada generación que llega, lejos de heredar la experiencia de la que pasa, la olvida, y adelanta hacia las tinieblas de la barbarie. Solo así se explica que esta raza haya caído desde tan alto, y que, por perder, haya perdido hasta su historia, que es lo último que pierden los pueblos, como que es su alma, su conciencia, su inmortalidad.

VIII

Sobrecogidos indudablemente por el temor que debió producirles nuestro paso por Monte-Aragón, y la presentación de nuestras tropas delante de Tetuán, a donde nunca imaginaron que éstas llegarían, mantuviéronse quietos nuestros enemigos, fortificando con nuevas obras y parapetos su campamento de la torre El-helelí, cada vez más numeroso y poblado de tiendas.

No perdimos nosotros estos días de sosiego y reposo, pues se emplearon en desembarcar gran cantidad de víveres, la suficiente para que no temiéramos otra nueva incomunicación con España, y en fortificar también nuestra línea por la margen del río. Levantose en la aduana con este objeto una larga y doble trinchera, abriéronse fosos, y se puso en buen estado de defensa la torre Martin, para que nada pudiera temerse de la astuta audacia y valentía de los moros.

No pudieron sufrir éstos con paciencia las obras del reducto de la Estrella, que empezó por aquellos días a construirse en una dilatada llanura, frente por frente de las posiciones enemigas; así es que desde el primer momento trataron de estorbar la continuación de los trabajos. Primero, no atreviéndose a intentar resueltamente esta peligrosa empresa, se propusieron inutilizar siempre que pudieran las obras, y con este objeto se corrían por la noche desde su campamento a la llanura, para destruir sin tanto riesgo lo que los cristianos habían hecho por el día. Pero viendo que, conocida su intención, se habían tomado las convenientes precauciones por el general en jefe para que no consiguieran su propósito, decidieron oponerse por la fuerza a la construcción del reducto indicado, y con este fin salieron de sus tiendas y nos provocaron en el llano el día 23 de enero.

Visto de lejos el campo de la acción, era una vega hermosísima e igual. La yerba que la cubría era de un verde vivo y brillante estaba por todas partes llena de juncales donde podía esconderse un hombre, tan altos y crecidos parecían; pero apenas se adelantaba un poco toda ilusión desaparecía; el llano era una corrompida charca, una laguna fétida y mal sana. Aquellas yerbas que desde alguna distancia atraían la vista con encanto, crecían y se desarrollaban en un pantano, y debían al agua misma en que vegetaban su color, su brillo y su pujanza ficticia y fofa. En esta laguna misteriosamente oculta por la naturaleza y que se extiende por la derecha hasta una frondosísima y pintoresca huerta, es donde con el agua hasta las rodillas, nuestros soldados escarmentaron otra vez más, como siempre, la fiereza mahometana en el día 14 a que me refiero. La acción, al principio se redujo a un fuego más o menos animado de guerrillas, algunas piezas de artillería introducían con sus bien dirigidos disparos la dispersión en las huestes marroquíes cuando se reconcentraban en algún punto, secundándolas en esta tarea, dos lanchas cañoneras situadas, como todas, río adentro, cerca de media legua del mar. Nada, más extraño que ver a los moros correr por llanos y vericuetos, como una trahilla de perros escapados, cuando a su lado reventaba alguna granada; los caballos atropellaban a los infantes; los más ligeros a los más tardos; quien saltaba por cima de una espesa mata sin tropezar en ella; quien caía y se levantaba instantáneamente como si estuviera hecho de resorte, y quien, alcanzado en su fuga por una bala, caía para no levantarse más.

El día 14 en lo más reñido de la pelea, cuando más comprometidas se veían varias compañías de Cantabria, dieron los lanceros una magnífica carga que decidió la acción. Allí, bajo los golpes de nuestros soldados, desaparecían nuestros contrarios como las espigas segadas por la hoz, dando lastimeros aullidos y revolviéndose en vano contra la tempestad de lanzas que les envolvía y acosaba. Cuando la caballería cansada de herir y de no hallar resistencia volvió a su campo, más de un soldado traía la banderola enteramente roja como si la hubiera mojado en un lago de sangre.

Derrotados los moros, buscaron un refugio en su campamento y abandonaron la llanura, donde en mal hora para ellos, habían desafiado la cólera de los heroicos hijos de España.

Los trabajos de fortificación de la Estrella continuaron, a pesar de la tentativa de nuestros enemigos, su incansable actividad.

El aspecto que ofrecía la playa donde estábamos acampados, a los pocos días de nuestra llegada, era en extremo original y pintoresco, y bien merece que me detenga a hacer brevemente su descripción, que eso y más exige el compromiso por mí contraído para con mis lectores. De los puertos de Ceuta, Algeciras, Estepona y Gibraltar, llegaban diariamente a la entrada del río, multitud de faluchos, botes y lanchas, que apenas comprendo como se atrevían a surcar las aguas del Estrecho, cargadas de provisiones de boca que no figuraban en la ración. Allí sobre la margen izquierda del Martín desde su desembocadura en el Mediterráneo hasta la aduana, establecían los patrones de estos barcos sus almacenes en tiendas que improvisaban con los palos de sus faluchos y las lonas de sus velas. Con la misma charla, a la vez impertinente y graciosa, que emplean en los mercados de nuestras ciudades, veíaselos ofrecer gallinas, huevos, jamón, ginebra, aceite, queso, vino, pan, naranjas, etc. No parecía, penetrando en el campamento por la parte del río, sino que aquellas playas se habían convertido repentinamente en un pueblo, como aquellos llanos incultos y desiertos que por el capricho de un genio misterioso, se transforman en maravillosas ciudades en los fantásticos cuentos de Oriente. El vendedor que ponderaba su mercancía; el comprador que regateaba; la mujer del patrón que lavaba y tendía al Sol la ropa en las cuerdas de su falucho; el muchacho juguetón y alegre que cantaba y corría, el soldado que, a la orilla del río, sobre una tabla arrancada de un cajón vacío de provisiones, jabonaba y retorcía su ropa sucia de veinte días o más con tanta desenvoltura como en lances de batalla cargaba la carabina; las reses vacunas que pastaban en la vega; el cacareo de una gallina que salía de improviso en el fondo de un bote o de los ocultos rincones de una tienda; todo contribuía a separar por un momento la imaginación de los horrores de la guerra para trasladarla a más queridos lugares y mejores días. Nadie hubiera dicho, a no saberlo, que a una legua de aquellos hermosos y regocijados sitios, en unas tiendas que se divisaban sobre la falda de un cerro como menudos copos de nieve, y en la blanca ciudad que ante nosotros se extendía, nos acechaban los rencorosos enemigos de Dios y de España, prontos a descargar su traidora gumía sobre el descuidado soldado o vendedor que se adelantara imprudentemente y transpusiera distraído, tal vez embebecido en la memoria de su madre o en la lectura de la última carta de su novia, el casi desconocido término de nuestro campamento. Y el enemigo que acechaba era un enemigo implacable, sombrío y fiero que no respetaba ni la vejez, ni la juventud; que se gozaba en los padecimientos de sus víctimas; que sonreía, en fin, con bárbara complacencia, ante las agonías y estremecimientos de los desgraciados a quienes cautivaba... Pero la fuerza de la costumbre es tan poderosa, que hace hasta agradable o por lo menos indiferente el peligro, y por eso todos los miembros de aquella colonia europea que desde las costas españolas se había trasladado repentinamente a las soledades de África, vivían descuidados y tranquilos, sin pensar en el día de mañana, confiando en Dios y en ese vago presentimiento que reside siempre en el corazón humano y que nos hace —muchas veces para desgracia nuestra— acometer empresas capaces, por lo locas, de espantar a los mismos titanes de la fábula que no temieron escalar el cielo.

Antes de que aclarase por completo el día, nos levantábamos todos, despertados por las alegres y militares dianas; los soldados, mal envueltos en sus mantas, iban saliendo a gatas o como podían de sus diminutas tiendas esparciéndose por la llanura, unos a buscar leña, y otros los más apartados encondrijos.

Veíaseles correr y saltar con esa jovialidad singular y bulliciosa, propia del soldado y que tanta semejanza tiene con la del niño; uno cantaba, otro chillaba, otro reñía; quién apuraba un zaque, quién liaba un cigarro, a pesar de los empujones de sus camaradas, quién comía, apretando los dientes para entretener el hambre y el ocio, una dura, pero saludable galleta; ya limpiaba uno su ropa, ya preparaba otro sus armas por si aquel día había acción; todos como he dicho, muy lejos de pensar en medio del peligro constante que les rodeaba, que aquella hora pudiera ser la última de su vida; y que acaso la luz de la nueva aurora encontraría sus puestos vacíos en las tiendas y removida la arena de la playa donde dormirían olvidados el sueño de la muerte. Pero ¿quién se parara en reflexiones? Mientras dura, vida y dulzura, y en acabando gimiendo y llorando. Esta era la máxima filosófica que nuestros soldados practicaban; verdaderos estoicos para quienes la desgracia no tenía fuerza y que solo conocían el dolor cuando le sentían.

Todo el día el campamento presentaba el mismo carácter variado y vivo: aquí un pobre soldado a quien, limpiando la carabina se le escapaba un tiro; allá otro que caía, excitando la hilaridad desordenada de sus compañeros, cada uno de los cuales le soltaba una pulla; más allá un corrillo de amigos que se entretenían en contar las aventuras de fuente o plazuela de que fueron actores con las criadas de las ciudades donde estuvieron de guarnición; allí otros que a la entrada de una cantina, jugaban a la morra; más allá, sobre la margen de una charca, otros que lavaban la ropa charlando o cantando coplas como la más desenvuelta lavandera del Manzanares.

En los campamentos de caballería, la animación era mayor, el conjunto más pintoresco y agradable; porque venían a aumentar la belleza del cuadro las banderolas que, clavadas en el suelo al lado de las tiendas, sobresalían como las amapolas entre la verdura de los prados; los caballos que, atados en gran número a cuerdas sujetas por las puntas a dos grandes estacas, piafaban, relinchaban, pastaban o comían sus morrales de pienso, entre las voces de los soldados que los ponían en paz si reñían, o los acariciaban con cariñoso esmero.

Por la noche, a primera hora, se encendían las hogueras, y los campamentos parecían al pronto una ciudad populosa, porque las luces se transparentaban a través de las tiendas esparciendo una luz tenue y melancólica. El rumor, el ruido que naturalmente engendra la reunión de muchos hombres, seguía hasta el momento en que se tocaba la retreta; entonces se extinguía y todo quedaba en silencio, los soldados tendidos en sus tiendas, los jefes leyendo periódicos o libros hasta que conciliaban el sueño; los generales meditando tal vez sobre sus planes de campaña.

Esta debía ser, y era en efecto para todos, la hora misteriosa de los recuerdos. Entonces, en la oscuridad de la noche, cuando el hombre se recoge religiosamente en sí mismo, acude a la imaginación de los que viven tristes la dulce memoria de lo que han perdido. Nosotros pensábamos en España y en las más caras prendas de nuestro corazón.

Luego la imaginación fatigada se rendía al sueño hasta la siguiente aurora; hasta que la diana bulliciosa turbaba su descanso para empujarla de nuevo en el torbellino, en la confusión, en la desordenada poesía de la vida del campamento tan llena de emociones cuanto de penalidades.

Así transcurrían los días y las noches, sin otros incidentes que dignos de mención parezcan, como no sea la visita que hizo a nuestro campo el general Codrington, gobernador de Gibraltar, que tan buen nombre supo conquistarse en la guerra de Crimea. Llegó a nuestro Real el 30 de enero acompañado de diez o doce ingleses, entre los cuales había algunos oficiales de artillería y de ingenieros. El general en jefe con extremada cortesanía, dioles caballos y escolta que hiciesen su excursión y dispuso que sin ningún reparo se les enseñara y explicase todo. Examinaron minuciosamente nuestras posiciones, haciendo infinitas preguntas, algunas de las cuales hasta pecaban de indiscretas; recorrieron nuestro campamento y se detuvieron admirados ante el magnífico tren de sitio que por entonces estaba desembarcándose y que merecía ciertamente llamar la atención. Es fama que mister Codrington entre pesaroso y afable, viendo la riqueza de cañones y morteros de bronce que ante los ojos tenía, dijo a uno de los oficiales españoles que por orden del conde de Lucena le acompañaban:

—¿Por qué tanto lujo de cañones de bronce? ¿No podrían ustedes tener muchos más si fuesen de hierro?

Y es fama también que el oficial español, le contestó gravemente:

—General, nosotros podemos tener ese lujo que usted deplora, porque los cañones de bronce abundan en España tanto como en otras naciones los de hierro.

—Pero es un despilfarro; porque cada una de estas piezas vale por dos de hierro.

—Pues porque valen por dos las tenemos nosotros —repuso políticamente el oficial.

El gobernador de Gibraltar contará como de sesenta a setenta y tres años; es grueso; colorado como una cereza, y tiene el pelo y las patillas blancas como un copo de algodón. Así él como sus compatriotas llevaban unos sombreros enormes que parecían de lejos chimeneas de vapor, y que los tetuanis debieron creer cañones de hierro apuntando a las nubes. Tal era la exageración de su tamaño.

Por aquellos días se presentó en nuestro campo un muchacho moro, muy listo, que había salido de Tetuán, según manifestó, con el objeto de traer una carta de un comerciante de aquella ciudad para el general en jefe; pero como la carta no pareció, el muchacho que por las trazas era un espía fue puesto a buen recaudo.

Por entonces también el bizarro y pundonoroso general Zabala, que, aún no curado de su enfermedad, y atendiendo más a las inspiraciones de su generosa impaciencia que a los consejos de sus médicos, se había vuelto a encargar del mando del segundo cuerpo de ejército, tuvo dos días después de su llegada, que abandonar la africana tierra para regresar a España completamente impedido e inutilizado.

Todo el ejército fue testigo del profundo dolor con que se separó de sus queridos compañeros de armas a quienes envidiaba, no la salud, sino la gloria que iban a conquistar hasta la terminación de la campaña.

Envidia honrosa; pero inmotivada. ¿Acaso el general Zabala no había ya conquistado gloria imperecedera en los reductos y en la batalla de los Castillejos, donde tanto y tan valerosamente supo contribuir al triunfo de nuestras armas?

El mes de enero terminó tan magníficamente como había empezado con la acción del 31, en la que solo tomaron parte el tercer cuerpo de ejército y la división de reserva mandada por el general Ríos. Envalentonados los moros con los refuerzos que habían recibido el día anterior y con la presencia de los dos hermanos del emperador Muley-el-Abbas y Sidi-Ahmet, quisieron otra vez tentar fortuna, y atacaron el reducto de la Estrella, cuyos trabajos protegía entonces un batallón de reserva. Después del acostumbrado tiroteo de guerrillas, animose repentinamente la lucha con la aparición de nuevas fuerzas enemigas que amenazaban toda nuestra línea con desabordado ímpetu y rabia.

El día estaba sereno, y se veían brillar, iluminadas por el Sol, las armas de los marroquíes de infantería y caballería, agrupadas como los haces de trigo en una era.

El general Ríos dispuso sus fuerzas en columnas paralelas y avanzó de frente por la izquierda con extraordinario arrojo, como quien está seguro de fuerza, atravesando inmensos pantanos casi invisibles hasta penetrar en ellos, y donde los soldados se hundían a cada paso que daban. Venciendo obstáculos que parecían insuperables, desalojaron de todas sus posiciones al enemigo, y bajo un fuego mortífero, horrible, incesante, adelantaron hasta las huertas mismas que se dilatan verdes y frondosas, como convidando a apacible descanso, en los alrededores de Tetuán. Unos mil jinetes árabes salieron a su encuentro, atropellada y vertiginosamente como un torbellino de polvo empujado por el viento: pero nuestros valerosos soldados no se amilanaron ni retrocedieron un paso; formáronse en cuadro tan reposadamente como pudieran hacerlo en un simulacro, y al grito de ¡viva la reina!

entre nubes de humo, al compás de las músicas que ahogaban en el alma la emoción del peligro, no solo resistieron el choque, sino que desalojaron a lo moros de todos los puntos que ocupaban; sitios cubiertos de cadáveres todavía calientes y en cuyos rostros la muerte no había aún borrado con su misteriosa calma las huellas del dolor y de la ira.

En estos mismos momentos daban los coraceros una vigorosa carga hacia la derecha sobre las tropas marroquíes que iban concentrándose en una larga cañada, cuyo fin apenas se divisaba oculto entre espesos matorrales. De nada, sin embargo, sirvió su arrojo; acosados, acorralados, cercados por todas partes, los coraceros lucharon valerosamente, hasta que impotentes para contener el número de enemigos que sobre ellos caía, se vieron obligados a retroceder a su punto de partida, no sin dejar para perpetua memoria la llanura cubierta de sangrientos despojos.

Por la derecha sostuvo la acción el general Ros de Olano, con verdadera resolución y energía; distinguiéndose brillantemente varios de los cuerpos que mandaba, entre otros, Albuera, Baza y Zamora.

El conde de Lucena estuvo durante toda la lucha, recorriendo con los jefes y oficiales de su cuartel general la línea de un extremo a otro, y presentándose en los puntos de mayor peligro. Hubo momentos en que las balas menudeaban en torno nuestro como las gotas de agua en un día de lluvia.

En menos de dos segundos cayeron heridos un coronel de artillería, en la frente, un correo de gabinete, en un brazo; un guardia civil de la escolta, en un muslo, y el auditor del segundo cuerpo recibió una contusión. Algunas personas se acercaron al general en jefe para advertirle el riesgo que corría y manifestarle que no era conveniente se expusiera así a las balas enemigas; pero el general O'Donnell contestó con la mayor imperturbabilidad:

—No las oigo —y siguió observando con su anteojo los movimientos del ejército mahometano.

Presentáronle entonces un prisionero, ligeramente herido en la cara, que venía por su pie. El general O'Donnell le preguntó de dónde era, cuántas fuerzas rnarroquíes había y quién las mandaba. Contestole temblando el moro, y cuando se concluyó el interrogatorio se volvió hacia el intérprete con visibles muestras de ansiedad. No era necesario ser gran fisiólogo para comprender que aquel hombre temía por su existencia.

En efecto, el pobre prisionero quería saber el destino que le aguardaba; resistíase a creer en la conservación de su vida, e hizo jurar por Dios al intérprete que no le cortarían la cabeza ni le atormentarían. Después marchó al hospital de sangre tranquilo y resignado. ¡Sabía que no iba a morir!

La acción duró hasta cerca de oscurecer.

IX

A fin de enero empezó a susurrarse en el campamento, que en los primeros días del mes inmediato atacaríamos el Real enemigo y tomaríamos la ciudad que, provocando nuestro deseo, a vista nuestra se levantaba. La víspera del día señalado para la gran empresa, desembarcaron, llenos de entusiasmo, los voluntarios catalanes, vestidos a usanza del país que les mandaba, y dispuestos a derramar hasta la última gota de su sangre en defensa de su Dios y de su patria. Apenas entraron en la ensenada los buques que los conducían, el duque de Tetuán mandó un recado de atención al general Prim, avisándole de la llegada de sus paisanos y poniéndoles bajo sus órdenes. Inmediatamente el conde de Reus montó en uno de los caballos árabes que se habían cogido el día 31 de enero, caballo de empuje y resistencia, que tascaba el freno con impaciente inquietud, y se dirigió a la playa donde había acudido ya el conde de Lucena. Érale difícil al general Prim disimular el gozo que sentía por la llegada de sus paisanos, que tan oportunamente desembarcaban para tomar parte en un gran acontecimiento. Ni un instante se separaban sus ojos de las lanchas en que los catalanes venían a tierra, los cuales ofrecían un gran golpe de vista a la apiñada y ávida muchedumbre, que, amontonada en la playa o encaramada en los faluchos surtos en el río, miraba con creciente curiosidad la aproximación de los voluntarios, tan graciosamente ataviados y dispuestos. Recibiolos una música militar. Cuando hubieron desembarcado todos, el general Prim, se adelantó hacia ellos y con esforzada entonación y varonil aliento, pronunció en el dialecto de los recién venidos, tan enérgico y vigoroso, la siguiente arenga, que no puede resistir al deseo de copiar.

«Catalanes: Bienvenidos seáis al valiente ejército de África que os acoge como camaradas. Persuadido estoy de que seréis dignos de estos heroicos soldados, y sería no conoceros si lo dudase un solo instante. Todos sentís la necesidad de mantener ilesa la honra: de la tierra en que habéis nacido; y si uno solo de vosotros el día del combate, que será mañana (y os felicito por la providencial oportunidad con que habéis llegado); si uno solo de vosotros se portase con cobardía volviendo la espalda al enemigo, la honra de Cataluña quedaría mancillada. Seguro estoy de que no quedará.

Imitad el ejemplo de vuestros gloriosos antepasados cuyos heroicos hechos registra con admiración la historia; no solo en esta tierra, sino en otras más lejanas todavía, hasta atravesar las Termópilas, que parecen creadas para teatro de grandes acciones. Haced como hicieron ellos, y seréis dignos de este valiente ejército que os recibe como amigos; y conquistaréis un nuevo laurel para la corona que tejieron en otros tiempos las invencibles armas catalanas.

Ya veis, la satisfacción con que el ejército os acoge. La música de uno de sus bravos batallones viene a saludaros, y el mismo general en jefe que me dispensa el honor de que os coloque entre los valientes que tantas veces he conducido al combate, se presenta a recibiros al desembarcar en las costas africanas. ¡Loor a este general, que ha querido y sabido levantar a nuestra España de la postración en que yacía, para demostrar a la faz de Europa, que no estaba muerta, y que sus hijos, dignos herederos de su gloria antigua, son capaces de hacer por la patria, todo cuanto humanamente pueden hacer los hombres!

Para formar parte de este ejército, no basta solo ser valiente; se necesita ser sufrido. Debéis aceptar con resignación las fatigas, los peligros de todo género; hasta las mortíferas enfermedades. Siempre valientes, pero subordinados siempre, si vuestros jefes os mandan trabajar, a trabajar; si os ordenan atravesar pantanos, atravesadlos, y si fuera preciso ir a Tetuán por el río, ¡al agua! y hasta Tetuán nadando.

Así lo han hecho y lo hacen los que son ya vuestros camaradas, y así lo haréis vosotros, porque así cumple a los hijos del bravo pueblo catalán.

Soldados: Cataluña, que os ha despedido con tierno entusiasmo, las madres, los hermanos, los amigos, os contemplan con orgullo. No olvidéis nunca que sois los depositarios de su honra.

No defraudaréis sus esperanzas, que son las mías; pero si por desdicha, lo que no espero, así no fuera, ni uno solo de vosotros volvería a pisar el suelo patrio; aquí moriréis todos, antes que mancillar en lo más mínimo el nombre que lleváis. Siguiendo las huellas de vuestros antepasados, y haciéndoos dignos de este ejército de bravos, al regresar a vuestros hogares, los catalanes os recibirán con aplauso, y donde quiera que uno se encuentre, oiréis por todas partes: ¡he aquí un valiente! Soldados: ¡Viva la reina!»

Varias veces fue interrumpido el general con gritos de indomable entusiasmo. El conde de Reus hablaba un idioma extraño para la mayoría de los que le escuchaban; pero la entonación de su acento y el ardor de su mirada eran tales, que todos estábamos pendientes de su palabra; desde el recién llegado, en cuyo brazo temblaba el fusil porque el corazón latía con violencia, hasta el sesudo castellano que presenciaba la escena; desde el general hasta el último brigadero. Hubo un momento en que el conde de Reus soltando las bridas, levantándose sobre los estribos y abandonándose a su elocuencia sobre el inquieto corcel, inspiró un sentimiento tan vivo en toda la concurrencia, que los soldados le interrumpieron con los gritos de «¡Viva el general Prim!» rodeándole, agrupándose en torno de su caballo para verle, para admirarle con verdadero cariño. Verdad es que había sabido herir las fibras sensibles de nuestro corazón; el recuerdo de la patria, la gloria del ejército, la esperanza de la victoria.

Los catalanes, así recibidos, no podían portarse sino como se portaron en la batalla del siguiente día, con un heroísmo que trae a la memoria el de aquel puñado de hijos del Ebro y del Ter que tanta gloria supieron conquistar en Constantinopla.

La víspera, del 4 de febrero, pasámosla todos escribiendo a nuestras familias, y disponiéndonos para el tremendo choque que debía haber al día siguiente.

Amaneció por fin éste nublado y frío. A la hora acostumbrada tocose la diana; los soldados batieron tiendas; encendiéronse hogueras que aparecían o desaparecían, según apretaba o calmaba la lluvia fina y poco duradera que empezó a caer; organizáronse los batallones, y a la siete y media todo el ejército, menos el cuerpo mandado por el desgraciado general Ríos que se quedó guardando la formidable posición de la Estrella, se puso en marcha acompasadamente hacia el campamento enemigo. El general Prim avanzaba por la derecha y el general Ros de Olano por la izquierda. El conde de Lucena había preparado el movimiento con tanto arte y estudio, que los dos cuerpos de ejército se daban, por decirlo así, la mano, y se resguardaban mutuamente de todo riesgo y peligro. Iba delante nuestra valerosa artillería, penetrando sin temor ni vacilación en el pantanoso valle que se extiende a vista de Tetuán. Había un no sé qué de solemne y majestuoso en la marcha del ejército: los batallones caminaban en silencio, y no se oía en todo el valle sino el pavoroso estrépito del cañón, présago entonces de un terrible acontecimiento. Todo el mundo, generales, jefes y soldados parecían preocupados por la idea de la empresa a que debían dar tan feliz término; todos estaban a la altura de la situación, imponente, grandiosa, digna en fin, de nuestra querida España. Ni un tiro de carabina o de espingarda, ni un momento de confusión e incertidumbre en la hora suprema del combate; en todo el mayor concierto, el mayor orden, la mayor disciplina, el mayor arrojo. ¡Qué dignos se hicieron nuestros soldados entonces de que la patria tejiera para ellos una corona de inmarcesibles laureles!

Como he dicho anteriormente, la artillería avanzaba siempre estrechando en un círculo de bronce las trincheras enemigas y despreciando el nutrido fuego con que las baterías contrarias contestaban a sus disparos. Todos seguíamos con religioso respeto la arriesgada operación de la artillería, sin separar un solo instante los ojos de las inmensas espirales de humo que levantaba, ni del sitio que ocupaban los cañones, ni del campamento marroquí que distinguíamos cerca, donde caían todas las granadas sin que se desperdiciase una sola, y donde reventaban con tremendo éxito y temeroso ruido.

De pronto un grito se escapa de todos los labios; todos los ojos se fijan en un punto, en una inmensa humareda, que brota de repente, que crece, que se ensancha, que se eleva hasta confundirse con las nubes; es que una granada ha caído sobre los barriles de pólvora que el enemigo tenía para el servicio de las baterías, y ha estallado esparciendo por donde quiera la muerte, la desolación y el espanto. No desmayan ante esta pavorosa desgracia nuestros contrarios; antes parecen resistir con más valor y empeño el fuego de nuestros cañones. Luchan sin amilanarse, sin que su espíritu decaiga, y eso que el círculo de muerte se estrecha cada vez más, y eso que miran detrás de nuestras baterías, ya casi a tiro de fusil de las suyas, caminar silenciosamente grandes masas de infantería, amenazadoras, fieras, prontas a caer como el rayo sobre las trincheras que formidablemente cercan todo el campamento.

Poco después: el fuego de cañón se interrumpe; reina un momento de solemne calma, momento de recogimiento sublime en que el hombre, próximo al peligro, se acuerda de todo, quizá por la última vez; de su Dios, de su patria y de su familia; las cometas y músicas tocan paso de ataque, y las tropas con la bayoneta calada, al grito de ¡viva España! ¡viva la reina! escalan las trincheras por entre el fuego de la artillería enemiga; y, el general Prim, penetra en el campamento moro por una tronera, y detrás le siguen sus soldados ebrios de admiración y júbilo; sus catalanes, cuyo glorioso estreno en la guerra de África, debe llenarles de legítimo orgullo; todos, en fin, palpitando de ira y de entusiasmo.

¡Qué trance tan crítico para los soldados de esta división fue aquel en que dieron el asalto, cuando a pocos pasos del robusto parapeto levantado por los moros, se hundieron hasta el pecho en un largo y disimulado pantano! Todo el arrojo del general Prim, fue necesario para que nuestras tropas, detenidas por este terrible obstáculo en el momento decisivo, siguieran adelante y entraran como entraron en el campamento marroquí, no sin grandes pérdidas y sacrificios.

Por la izquierda escalan al mismo tiempo la trinchera las fuerzas del tercer cuerpo con sus generales a la cabeza, y con el duque de Tetuán seguido de su estado mayor, que grita con voz estentórea, agitando la espada: ¡Adelante! ¡Adelante! Y los soldados victoreando le siguen: en medio de un diluvio; de balas que vienen hacia ellos, de todas partes, de detrás de los árboles, de las ventanas, de las quintas que hermosean el paisaje de entre las tiendas, de las enmarañadas veredas llenas de espinos e higueras chumbas que, como verdaderos laberintos, se cruzan en todas direcciones.

Los moros huían por todos lados como liebres perseguidas. El campamento bajo que se extendía en el llano delante de Tetuán, el de la torre de Halelí, otro situado en unos cerros detrás de la misma torre, donde estaba el cuartel general, otro más lejano, todos sucesivamente fueron cayendo en nuestro poder, con más de quinientas tiendas, con las provisiones de guerra, con los cañones de bronce, con la bandera del imperio, con equipajes de jefes y soldados. Todo esto, en menos tiempo del que se emplea en referirlo, en media hora escasa que tardó nuestra decidida y heroica infantería en escalar las trincheras y dilatarse como un impetuoso torrente por el campo mahometano, lleno de restos humanos palpitantes todavía.

¡Horrible fue entonces la escena que se ofreció a nuestros ojos! ¡Necesitábamos apartar la vista del suelo para no ver cómo los caballos hollaban los sangrientos despojos de nuestros enemigos; por aquí un tronco sin cabeza, por allí los esparcidos miembros de un moro destrozado por una granada; más allá un cuerpo completamente quemado, tal vez por la explosión de los barriles de pólvora; un poco más lejos dos heridos moribundos, espantosamente desfigurados, de cuyo pecho se escapaba un gemido, hondo, ronco que penetraba en el alma despedazándola como un puñal, y por todas partes trozos de carne ennegrecida, entrañas palpitantes aún, exterminio y muerte! ¡Ay! También allí mezclada con la enemiga, había corrido en abundancia la sangre de nuestros hermanos; allí vi sus cadáveres como las víctimas ofrecidas por nuestra patria en aras de la victoria.

Las tiendas que cogimos a los moros eran en su mayor parte cónicas, unas marquesinas y algunas cilíndricas, casi todas rayadas o con caprichosos adornos azules y negros. Todo el campamento estaba lleno de inmundicia, de cáscaras de naranja, pedazos de papel, harapos asquerosos, esteras podridas, cebada y maíz, etc. Los cañones que cayeron en nuestro poder, eran de bronce; dos de ellos tenían inscripciones de árabes y eran regalo de Gustavo III de Suecia, otros eran ingleses, y uno español llamado Cabul, del tiempo de Carlos IV, y de la fundición de Barcelona, que con otros tres más fue también regalado por aquel rey a los marroquíes, tan poco dignos entonces de conservar este don.

En esta jornada se distinguió en alto grado el general don Enrique O'Donnell, que en las acciones anteriores no había escaseado tampoco las pruebas de valor y pericia. Fue de los primeros que asaltaron la trinchera y el último que dejó de perseguir al enemigo disperso y despavorido.

Aquella noche acampamos en la posición conquistada, bajo los fuegos de la alcazaba de Tetuán, que durante el combate y algún tiempo después, no cesó de disparar sus cañones contra nosotros para favorecer la retirada, digo mal, la precipitada fuga del ejército mahometano.

A la mañana siguiente, a poco de haber intimado el duque de Tetuán la rendición a la plaza, se presentaron en nuestro campo cinco parlamentarios. El principal de ellos, que era el famoso Hache-er-Abeir, nombrado después alcalde moro de Tetuán, venía montado en una mula aparejada, con una lujosísima manta de colores; los demás iban a pie, y el delantero ondeaba en señal de paz una blanca bandera. La impaciencia y curiosidad de todos, jefes y soldados a la aproximación de estos parlamentarios de grave y austera fisonomía, eran grandes; agolpábanse para verlos en la Calle Mayor del cuartel general, como la llamábamos nosotros, y en todos los semblantes se reflejaba un mal disimulado sentimiento de alegría y entusiasmo.

Nada resultó de esta primera entrevista; no así de la segunda en la que pidieron al conde de Lucena en nombre de la ciudad, consternada, que apresurase su entrada en Tetuán, porque las cabilas se habían entregado a los mayores excesos, robando y asesinando, antes de huir a sus enmarañadas montañas, como si los vecinos de Tetuán fuesen, no sus hermanos, sino sus más encarnizados enemigos. La noche anterior, había sido terrible; las turbas del emperador, faltas de disciplina, sin jefes, porque los generales habían huido, habían cometido las más espantosas iniquidades: ebrios de ira y animados del espíritu de rapiña, habían entrado a saco en todas las casas, principalmente en el barrio de los judíos, matando a los que ofrecían resistencia y rompiendo los objetos que no se podían llevar.

Atendiendo al ruego de los parlamentarios, pusiéronse en marcha las divisiones con dirección a Tetuán. La primera fue la de reserva mandada entonces por el general Ríos. Llegaron por sendas torcidas, casi ocultas entre los arbustos y árboles que crecen en sus linderos como los zarzales en nuestra tierra, y subiendo y bajando algunas cuestas que guardan la ciudad a la vista de los que se acercan, hasta que se está a sus puertas, se aproximaron con las precauciones debidas a las murallas. Un silencio sepulcral reinaba, y Tetuán era una inmensa tumba. De pronto, a la llegada de nuestras tropas, oyose dentro una prolongada, una interminable gritería; la ciudad muerta había recobrado su vida para gemir sobre su desventura. Encima de la puerta de entrada, baja y oscura, hacia donde nuestros soldados caminaban, asomaban la boca dos cañones, enfilando la senda que aquellos seguían; y de vez en cuando sacaba la cabeza por las troneras un moro innoble, de mirada feroz y recelosa, haciendo gestos y señas ininteligibles que así podían ser un ruego como una amenaza, una alabanza como una imprecación.

Este momento de incertidumbre fue terrible: el general Ríos hizo que sus fuerzas ocupasen las posiciones inmediatas, y mandó avanzar una piedra de artillería para echar abajo la puerta, que permanecía cerrada. Pero no fue necesario; la puerta se abrió a tiempo, y la tropa entró en la ciudad.

¡Qué espectáculo tan triste y desolador ofreció a nuestra vista! Las calles, estrechas y tortuosas, estaban obstruidas con los muebles y escaparates que los moros habían roto en su despiadada saña; algunos cadáveres completamente desnudos, asomaban por entre este montón de escombros, y un pueblo loco de alegría, pero andrajoso y repugnante, abalanzándose frenéticamente a nuestros soldados, besándoles, abrazándose al cuello de los caballos, llorando y gritando con descompuestas voces:

¡Viva la reina de España y su real compañía!

¡Vivan los españoles!

¡Viva la corona de España!

¡Vivan los caballeros!

El que así nos victoreaba era el oprimido y saqueado pueblo hebreo. Las mujeres, en las calles o sobre las azoteas, dejaban escapar un grito prolongado y agudo, una exclamación interminable enlazada como las notas musicales, y que era la expresión de su inmenso júbilo. Sentados sobre las ruinas de sus destrozadas tiendas, algunos moros —pocos, porque casi todos habían huido— nos veían pasar con una indolente indiferencia sin levantar la cabeza, cubierta con la capucha y sin apartar la vista del suelo donde yacía hecha pedazos toda su fortuna.

Todavía recuerdo con estremecimiento, el cuadro que ofrecía la ciudad con sus calles tenebrosas, llenas de arcos y pasadizos, con el olor de las esencias y especias esparcidas por el suelo, olor penetrante y vigoroso que duró por muchos días; con las puertas de las casas rotas; con los trastos, escaparates, y géneros de las tiendas amontonados en las vías por donde apenas podíamos pasar; con aquel pueblo que nos victoreaba en el patrio idioma; con aquellos moros graves y pensativos que no alzaban los ojos para mirarnos; con aquellos cadáveres tendidos a la vista de todo el mundo; con aquellas mujeres andrajosas, pero bellas; con aquel inmenso grito que se exhalaba de todos los labios; con aquel tremendo espectáculo de miseria, sangre, exterminio y duelo. Subimos a la alcazaba, atravesando calles que estaban pidiendo venganza contra la ferocidad de los bárbaros a quienes combatíamos, y después recorrimos toda la ciudad, barrio de moros y barrio de judíos, en el cual las mujeres nos tiraban de la ropa para que viéramos el destrozo que habían causado en sus casas los moros montañeses en el furor de su vencimiento, antes de abandonar Tetuán.

X

Desde lo alto de la alcazaba observamos allá a lo lejos en dirección al Fondah, una larga caravana de fugitivos que no habían querido permanecer en Tetuán, y que iban como en peregrinación a buscar un refugio en los escabrosos montes o en las ciudades vecinas. Para desordenarlos, disparáronse contra ellos las mismas piezas de artillería que días antes habían apuntado contra nuestras huestes, y en efecto, vímoslos alejarse en dispersión, abandonando en el camino la mayor parte del botín que habían recogido en la ciudad durante las tremendas horas del saqueo. Afortunadamente para aquellos bandidos, fue preciso suspender el fuego, porque el edificio, tan caduco y carcomido como la civilización del Corán, se resentía y agrietaba, amenazando ruina. A esta circunstancia debieron su salvación, que de otra manera hubiera sido imposible, o por lo menos, muy dudosa.

La primera disposición del general Ríos, apenas ocupó la ciudad, fue la de nombrar una especie de ayuntamiento escogido entre los moros y hebreos que no habían abandonado la población; componíanle el celebrado Hache er-Abeir, alcalde; Merod Ben-Sacar y Yudah Abecasis, encargados de dar a conocer las calles y edificios públicos más importantes; Yudah-Abendoshan, del aseo de la ciudad, que bien lo necesitaba; Menahem Aluf y Yahia Andoy, de recoger los cadáveres judíos y darles sepultura; Hemarty-el-Berdhy de la misma comisión con respecto a los cadáveres moros; Mosé Abeis, Mosé Benymes e Isahac Abecasis, del alumbrado. Estos funcionarios entraron inmediatamente en el ejercicio de sus funciones municipales, bajo la dirección del gobernador de la plaza para cuyo cargo fue nombrado el coronel del regimiento de Iberia.

En Tetuán pude ver con espanto los dolorosos resultados de la opresión, del despotismo y de la iniquidad de los fuertes. Allí en la desgraciada raza judaica, tan abyecta, tan humilde, tan postrada; pero en cuya fisonomía se observan todavía las huellas de un gran pueblo, pude estudiar las consecuencias de la humillación que la veja, del poder que la oprime y de la maldición que la aísla, haciéndola falsa, baja, desconfiada, cobarde, interesada, falaz y codiciosa; y en la población mahometana, tan atrasada, tan ignorante, tan bárbara, los efectos de una autoridad sin límites, que nada respeta ni a nada atiende; que busca solo su propio engrandecimiento; que no conoce hombres ni ciudadanos, sino esclavos, víctimas y parias. Todo en Tetuán se resiente del sello que han impreso en ella la servidumbre y la tiranía; las casas, aun cuando sean magníficas por dentro, ofrecen exteriormente un aspecto mezquino y hasta inmundo; porque es menester ocultar la fuerza y la riqueza al emperador que acecha con avarientos ojos, con los ojos de sus rapaces consejeros ¿dónde está el presagio, dónde la grandeza, dónde el oro? Las calles, como he dicho, son estrechas, tortuosas y oscuras, exacta imagen del recelo que sobrecoge a estos desdichados hijos de Mahoma; que ven en cuantos les rodean, o un espía, o un ladrón, o un verdugo. Las puertas interiores de las casas, son anchas y espaciosas; las que comunican con la vía pública, reducidas, fuertes y tenebrosas como boca de caverna. Solo el barrio de los judíos tiene las calles rectas y casi tiradas a cordel, lo cual es una prueba, más de la desconfianza que roe el alma de los musulmanes, pues quieren tener sin defensa alguna a la pobre y desgraciada raza de que son cruel y vergonzoso azote.

La ciudad era un montón de basura; tenía, como decía con mucha gracia el alcalde moro, una contra de trescientos años. Empleáronse los primeros días de la ocupación en limpiarla, reconocer todas las posiciones, y alojar las tropas que debían de quedar de guarnición en Tetuán. Bautizáronse con nombres españoles las siete puertas de la ciudad; el Fédah o plaza principal de la población, recibió el nombre de Plaza de España; diose a cada calle, para que los soldados no se perdieran tan fácilmente en aquel laberinto de callejones y pasadizos, la denominación de un cuerpo de los que tomaban parte en la contienda; comenzose a habilitar una iglesia y adaptáronse, en fin, cuantas providencias se creyeron conducentes al aseo y conservación de la plaza conquistada. Yo, en alas de mi curiosidad, me dediqué solo a investigar y recorrer el pueblo, que tenía para mí un encanto desconocido, y a hacer observaciones sobre las costumbres tradicionales de dos razas tan íntimamente unidas a la nuestra como las que viven en Tetuán: ambas descienden de los judíos y moriscos expulsos de España; ambas conservan todavía grandes recuerdos de su antigua patria, y llevan apellidos que en vano querrán ocultar su origen. En Tetuán hay una multitud de familias moras que se llaman Vargas, Fernández, Garcías, Barradas y Bohorques, así como entre los hebreos que hablan el castellano anticuado en sus giros y corrompido con algunas locuciones árabes, no faltan Sotos, Enríquez, Alvaredas y Gómez. No podría fácilmente expresar el efecto que produjo en mí la vista de estos desgraciados hijos de Abraham, que al cabo de más de trescientos años de destierro, todavía guardan con religioso respeto el idioma, que hablaron sus padres en los fértiles llanos de Castilla, y en los escabrosos montes de Aragón. ¡Cuánta fuerza de resistencia se necesita para cruzar a través de los siglos y de las generaciones sin perder ni el carácter, ni el lenguaje, ni la tradición, ni el recuerdo de la patria perdida! La raza hebrea que vegeta en las costas africanas, es una especie de río español que ha cruzado el Estrecho sin confundir sus aguas con las del mar, y cuyas ondas repiten todavía el murmullo de los bosques donde han nacido, y esparcen aún el perfume de las primeras flores que han regado.

Yo habité en Tetuán en el barrio de los moros, en una casa saqueada antes de nuestra entrada por los moros o judíos, porque este punto será siempre dudoso. Grandes patios embaldosados con menudos azulejos; largas y estrechas habitaciones mal ventiladas, llenas de espejos de labrados marcos, rotos por la barbarie de los bandidos que la asaltaron, muchos arcos de herradura, los de los cuartos o salones, acanalados, mesitas, arcones, baúles descerrajados y destruidos, tales eran los accidentes del cuadro que presentaba mi vivienda y que ofrecían, sobre poco más o menos, todas las casas de Tetuán.

En mis excursiones por la plaza, procuré en vano penetrar en una Mezquita. Respetando como era debido el sentimiento religioso de los moros, el general en jefe había prohibido la entrada en los templos mahometanos a todos cuantos no profesasen la ley del Profeta y practicaran su culto. Hizo bien, porque nada más digno de consideración que la fe de los pueblos y el santuario de la conciencia; y aun cuando la determinación suya me privó del gusto de conocer los ritos de los creyentes, no cesaré de aplaudirla, porque debió revelar a los ojos de Europa que no veníamos aún como en pasados tiempos a arrancar la creencia de ningún corazón con la punta de la espada.

Por fuera, la apariencia de las mezquitas está muy lejos de ser suntuosa. Una puerta de madera más o menos alta; unas paredes blanqueadas; un minarete cuadrado, esbelto, pero indudablemente no tan majestuoso como las torres de algunas de nuestras aldeas; unos cuantos devotos que con un rosario de gruesas cuentas en la mano, se pasan largas horas en honda meditación acurrucados en el umbral del templo: he aquí el carácter que ofrece una mezquita para los profanos que no pueden penetrar en su misterioso recinto. Cinco veces al día el muezzin encargado de la conservación de la chuma, sube a lo alto del minarete para congregar a los fieles a la oración; al rayar el alba, a la salida del Sol, al mediodía, a la caída de la tarde, y en ese momento solemne y religioso para todos los pueblos en que la sombra de la noche se extiende por el espacio, llenando nuestro corazón de inefable melancolía. Entonces desde lo alto de la torre, volviendo la cara al Oriente hacia el sitio donde está La Meca, y parándose en los cuatro ángulos del minarete, rompe el aire con una voz grave y monótona que proclama al buen muslim la grandeza de Dios y las excelencias del Profeta. Nada más fantástico que ver en los últimos instantes del crepúsculo vespertino la extraña figura del muezzin dibujándose caprichosamente en el espacio, tibiamente alumbrado todavía con los postreros resplandores de la luz moribunda. Tiene algo de patética esta escena que recuerda al corazón español y cristiano el toque de la campana al Ave María, en esa hora en que todo es vago e indefinible, luz y sombra, memorias y pensamientos, y que, según Byron, se consagra a la invocación en lo interior del alma de todo cuanto hemos querido y perdido en el mundo.

Yo presencié este espectáculo desde un terrado vecino a la mezquita o chuma principal. ¡Qué cuadro tan magnífico! Negras y encapotadas nubes coronaban las nevadas y peñascosas cumbres del pequeño Atlas, envolviendo aquella empinada y majestuosa cordillera en la oscuridad tan salvaje como la naturaleza misma en que dominaba. Ningún pintor hubiera podido trasladar al lienzo los grandiosos efectos de aquel paisaje, que hubiera podido servir dignamente de ancho y terrorífico escenario a un sábado de brujas y espíritus malignos. La voz del muezzin en esta hora, parecía una imprecación, o más bien, la voz del genio impuro que congregaba para la nocturna y sacrílega ceremonia a los réprobos y a los malditos.

Entre las mezquitas que más crédito gozan en la ciudad, había una, no lejos de mi casa, que miran los moros con mucha veneración y respeto; la de Sidi-Said, santón de antigua y no interrumpida fama en Tetuán.

Cuéntase que en lucha con los cristianos, un moro natural de este pueblo, había sido hecho cautivo. Su anciana madre le esperó un año, otro y otro inútilmente; el prisionero no volvía. Cansada de esperar y de llorar –si una madre puede cansarse de esperar y llorar a su hijo–, acudió un día a la mezquita y allí pidió fervorosamente a Dios el regreso del desdichado que gemía entre las cadenas, ausente de su amor y de su patria. Dios, según la leyenda marroquí, no se mantuvo sordo a sus ruegos; y cuando la afligida madre salió de la chuma se encontró en el umbral de la puerta sentado al hijo de sus entrañas con los grillos puestos todavía: ihabía milagrosamente quebrantado los hierros de su mazmorra y llegado allí en la blanca yegua del Profeta! En acción de gracias colgáronse los grillos del cautivo rescatado en la parte interior de la mezquita, y desde entonces ha venido acrecentándose hasta el día la devoción de los habitantes de Tetuán hacia el santón Sidi-Said, cuyo sepulcro, cubierto con un paño encarnado, se alza en medio del templo.

Esta es la historia que oí referir y que cuento tal como ha llegado a mi noticia.

Para entender el tiempo, pasaba yo algunas horas del día sobre el terrado de la casa en que había fijado mi residencia: Tetuán parece desde allí como sujeta a las últimas cumbres que a un lado y otro se elevan; diríase que era una paloma entre las fauces de una serpiente. Prolóngase a sus pies la vega por donde habíamos ido, hasta perderse en el horizonte que a su vez se confunde en lontananza con el mar, envuelto entre húmedas brumas. El río, serpenteando por el valle, aparece y desaparece alternativamente, iluminado por los vívidos rayos del astro del día, que arranca, permítase la expresión, de las tranquilas ondas chispas de plata y fuego. A ambos lados de la ciudad, a la caída de las cumbres que la estrechan, divísanse infinitas casas de campo, perdidas entre el espeso follaje, casi todas en mal estado de conservación; pero que desde lejos atraen vigorosamente la vista, la imaginación y el deseo.

Estos eran los términos más remotos del cuadro que desde mi azotea se admiraba. Antes de llegar a ellos, espaciábase la vista en un interminable laberinto de terrados, grandes y pequeños, altos y bajos, enlazados entre sí sin que se sepa cómo, e interrumpidos de vez en cuando por una calle o por un minarete, en que los adornos de azulejos, reemplazan a los calados de nuestras catedrales. En medio de todas las azoteas hay abierto un cuadrado que corresponde al patio de la casa, en unas resguardado con pretil, y en otras sin nada que defienda de una caída peligrosa, como no sea el débil enverjado de hierro, que sirve en el verano para sostener los toldos. Una mezquina puerta sin pintar ni pulir, situada en un extremo del terrado, pone a éste en comunicación con el resto de la casa, cuyo interior ligeramente he descrito en uno de los anteriores párrafos.

En la mayor parte de las azoteas hay un rincón con tiestos rotos y desportillados, donde crecen la luisa, la mejorana y en algunos la pudorosa violeta, a que se muestran muy aficionados los hijos de Mahoma.

La familia gatuna poblaba casi exclusivamente estas alturas. Por todas partes corrían y saltaban animales de la especie felina, de distintos tamaños y colores que se entretenían en tomar tranquilamente el Sol como sus amos la sombra acurrucados en los huecos de las puertas.

Algunos militares curiosos o desocupados andaban también, por las azoteas con el deseo de columbrar de vez en cuando a alguna mora, y de romper, aunque solo fuese a medias, el misterio en que las mujeres musulmanas viven.

En efecto, más o menos tarde veían satisfecho su deseo. La puerta de un terrado se abría y asomaba una cabeza indefinible, cubierta con una espesa tela blanca, azul o rosa. La cabeza miraba a todas partes con recelosa inquietud, y cuando quedaba satisfecha, parecía como que daba permiso al cuerpo de que era espía, para que a saliese y luciera. Después, en cumplimiento de esta autorización, mostrábase en el terrado una estrambótica figura, que así podía ser de hombre como de mujer. Llevaba generalmente los pies calzados con unas babuchas, la pierna desnuda hasta la rodilla donde terminaban unos pantaloncillos, no precisamente de seda y oro, como se lee en los cuentos orientales, sino de basto percal o grosera lana. Un justillo de manga corta sujetábala el talle; una larga y estrecha camiseta desairada y tosca, cubríala desde los hombros a las rodillas, y desde la cabeza al nacimiento del seno una mantilla o rebocillo con el cual se ocultaba casi enteramente el rostro. ¿Quién era? ¿Era hermosa? ¿Era fea? Esta rara figura recorría cautelosamente la azotea, mirando a todos lados; subía o bajaba gateando de un terrado a otro, colgaba o descolgaba la ropa, y cuando había concluido su faena se asomaba al cuadrado de un patio vecino y arrancaba del pecho una palabra áspera, dura y rajante. Si era desagradable en los labios de una mujer ¿cómo sería en los de un hombre? Otra voz femenina contestaba a la suya desde abajo; la conversación se animaba —porque hasta en Marruecos la mujer es habladora—, y poco a poco, preocupada con lo que hablaba u oía, descuidaba el rebocillo; primero caía de un lado, después del otro y por fin el misterio se rompía. ¡El Sol brillaba sin nubes!

El curioso acechaba con ansiedad este instante. ¡Dichoso él sino le amargaba el desengaño; si el rostro que aparecía no era el de alguna vieja desdentada, desgreñada y sucia que se vengaba, descubriéndose, de los cristianos! Esto sucedía no pocas veces; pero otras resplandecía una cara risueña y alegre, de nariz fina y sonrosados labios, pálida, con esa palidez que engendra la falta del Sol y del aire. Otras era una monstruosa negra, de boca disforme y nariz achatada, que podría servir de remedio contra todas las tentaciones del mundo.

Pero ¡cuán poderosa es la fuerza de la costumbre! Ella hace suaves y poco costosas las leyes más tiránicas y brutales. Apenas se apercibían de que las miraban, vieja asquerosa, joven agraciada, o negra inmunda, huían, lanzando un grito como el que se escapa del pecho de una europea a la vista de un ratón, a ocultarse en lugar seguro; si podían dentro de la casa o sino detrás del antepecho de la azotea, donde se arreglaban el caído rebocillo para poder desafiar impunemente las ávidas miradas del perro cristalino.

No hay, sin embargo, regla sin excepción, y quien hace la ley hace los infractores. De vez en cuando se encontraba alguna mora que no se escondía y que, con más o menos atrevimiento, fijaba sus ojos en los imprudentes observadores. Noté entonces que las que esto hacían eran bonitas. ¿No podían además estar celosas?

¡La hermosura y los celos pueden tanto en el corazón femenino!

Cuando más embebido estaba uno en la contemplación de los gatos que saltaban, de las mujeres que huían y de los chicos que jugaban en el terrado, la voz del muezzin, que sin ser sonora y fuerte, se extiende y dilata por el espacio, como la luz y el aire, llamaba la atención hacia otro punto. Izábase en los minaretes un pendón blanco que flotaba mientras el muezzin entonaba su pleglaria; después él y la bandera desaparecían y todo quedaba en silencio.

XI

Por las tardes solíamos asistir algunos amigos al café de Alí el argelino, donde nos entreteníamos en ver cómo saboreaban los hijos del Profeta, con no disimulado deleite, el rico licor de suave y regalado aroma. Nada de particular tenía el establecimiento moro; era una oscura y reducida habitación, no muy cómoda ni limpiamente dispuesta para los parroquianos, donde el humo de las pipas y los cigarros envolvía todos los objetos en una casi impenetrable niebla. Allí, entablábamos curiosas conversaciones con los marroquíes, y nos daban ellos noticias de las costumbres, del carácter y del estado, bien poco envidiable por cierto, del imperio que combatía España.

Los moros, como todo pueblo ignorante y grosero, son extremadamente supersticiosos. Dentro o fuera del zaguán de todas las cosas, hay, con tinta negra o azul, trazada imperfectamente una mano, para evitar que penetren en el hogar doméstico los malos espíritus o las malas tentaciones. Son muchos los amuletos que llevan; pero los que tienen más virtud, son aquellos en que encierran, escritos de una manera más o menos caprichosa, las suras o capítulos 113 y 114 del Corán: el primero, como preservativo contra las aflicciones del alma, y el segundo contra los peligros del cuerpo.

Sumergidos en esa eterna indolencia, que tanto caracteriza al pueblo mahometano, se pasan las horas y los días en continua oración. A poco de haber entrado en la ciudad, vi a un moro que, acurrucado en el quicio de una puerta, sin parar mientes en nada de cuanto sucedía alrededor suyo, entreteníase en pasar las cuentas de su rosario, al mismo tiempo que elevaba a Dios sus preces en una especie de cántico, a media voz, prolongado y monótono: parecíase a uno de esos mendigos que, privados de vista, y en actitud inmóvil, se sientan en las esquinas de nuestras calles, implorando la caridad pública, con un acento que nunca varía, y una súplica que nunca se acaba.

Las costumbres de los africanos son ásperas y silenciosas, porque la mujer no las dulcifica con su encanto. La sociedad, o mejor dicho, el trato social, no existe entre aquella gente: las aldeas y ciudades morunas, son agrupaciones de familias sin lazos verdaderamente íntimos que las unan y acerquen entre sí; cada cual vive en su casa con sus mujeres y sus hijos; no hay reuniones, no hay paseos, no hay espectáculos, no hay nada. El mercado y la mezquita: he aquí los dos únicos elementos sociales del musulmán. La imprenta, no ha esparcido sus vívidos resplandores entre estos bárbaros. Casi todos sus libros son manuscritos, algunos con tintas de varios colores: negra, azul y roja. La mayor parte de oraciones; otros de historia, que, por cierto, pertenecen a escritores antiquísimos, y, los menos de literatura, que llaman adab. Generalmente, los conservan en muy mal estado, roídos por la polilla, y hacinados en los desvanes o rincones, como trastos inútiles y despreciables.

Antes de entrar en Tetuán, había oído asegurar que los moros eran aficionados a la música; pero, a decir verdad, no lo demostraban mucho. Nuestras bandas militares no turbaban, ni por un solo momento, su perezosa indiferencia, y las oían, valiéndome de una expresión vulgarísima, como si oyeran llover. Los instrumentos músicos que examiné, eran en demasía toscos y groseros: una flauta sin llaves, más larga que noche de insomnio; una guitarrilla con dos cuerdas, sin trastes, estrecha y panzuda, que aunque se empeñe Mahoma, no puede, a mi juicio, producir más armonías que una chicharra de Navidad; la pandereta y dos tamborcillos con cajas de barro, unidos entre sí, y de un son tan áspero como desapacible; he aquí todo cuanto poseen para divertir su corazón y sus oídos.

Durante mi permanencia en Tetuán, presencié dos entierros: el de un judío, y el de un moro. Da la muerte un carácter tan solemne y melancólico a cuanto se roza con ella, y el sentimiento que inspira, es tan parecido en todos los pueblos, que bien puede asegurarse que en todos también se asemeja a la triste y dolorosa despedida de los que se quedan a los que se van; de los que son vanidad a los que son polvo.

Una docena de judíos, lo menos, llevaban el cadáver de su hermano, enteramente cubierto con un paño blanco, en unas angarillas de madera sin labrar. Llevábanle casi a rastras, y sus conductores iban entonando una salmodia acompasada y grave, como el cántico de los muchachos en la escuela. Algunos amigos, parientes, o conocidos del difunto, acompañábanle a la última morada, también cantando, sin que siguiesen al fúnebre cortejo, ni mujeres ni niños.

El entierro moro solo se diferenciaba del hebreo, en que el cadáver, colocado sobre unas angarillas mejor labradas, era conducido al cementerio, que a la entrada misma de la ciudad se divisa, en hombros de sus parientes y vecinos.

Y ya que me he detenido en describir, siquiera sea muy por encima, las costumbres mahometanas, justo será que consagre también algunas líneas a las costumbres hebreas, que no dejan, por cierto, de ser curiosas.

Nada más desairado y sucio que el traje de los judíos con su casquete negro, su túnica de lana, hasta sus calzoncillos, de lienzo y sus babuchas a estilo moruno. No merece este compuesto extraño de prendas raras, que nos ocupemos en él, y paso, por lo tanto, a enumerar el de las mujeres, mucho más variado y caprichoso. El justillo, se llama entre las hebreas kasó, que suele ser para la gente rica, de brocado; justeta la pechera bordada de oro, con la que, a semejanza de nuestras robustas montañesas, cubren el seno; el cinturón, se conoce con el nombre de kusaka, la falda, con el de chialdeta; y los adornos que emplean las casadas para taparse el pelo chari, crinches y sfifa. Las solteras llevan las trenzas caídas por la espalda; pero apenas toman estado, las ocultan cuidadosamente a la vista de todo el mundo, y es tan fielmente observado este precepto que, según me dijo una judía, el cabello de una buena esposa, no debe verle ni aun el cielo, fuera de su marido. Pero, prosiguiendo en la relación de las prendas que constituyen el traje femenino, diré que llaman ejuisyas, y aljorza y jarjales a los aderezos y joyas, a cuyo uso son, como todas las mujeres de raza oriental, extremadamente aficionadas.

Yo vi un hermoso grupo de judías, ricamente ataviadas, como he descrito, con motivo de la circuncisión de un niño, en la casa de un hebreo bien acomodado, que, sino recuerdo mal, formaba parte del ayuntamiento.

Las sinagogas no tienen ningún signo exterior que las diferencie de las demás casas de la judería. El oratorio está en el patio; y allí se levanta una especie de púlpito enjaulado, mal construido y peor dispuesto, donde se coloca el rabino o sabio. Los judíos cantan moviéndose en contrarias direcciones como si estuvieran azogados; se estremecen y agitan, según el sentido de las palabras que pronuncian, y cuando imploran a Jehová, al Dios de Abraham y Moisés; se vuelven hacia Oriente como para buscar con el pensamiento el templo de la Santa Jerusalén.

Las ceremonias hebraicas son públicas, y todos cuantos quieran, cristianos o moros, pueden asistir a ellas con entera libertad, sin que se exija muestra alguna de respeto o recogimiento.

Hay en la judería una academia, donde se reúnen los rabinos para razonar y discutir sobre asuntos de religión; es un estrado bastante capaz, con bancos de pino donde se sientan los doctores de la ley, y un estante sin pintar siquiera, que contendrá, cuando más, cuarenta volúmenes; entre otros el Talmud y el Viejo Testamento.

Entre sus muchas malas cualidades, no sé si innatas en ellos o hijas de la opresión salvaje en que viven, tienen los hebreos una buena; la fe en sus creencias, tan inquebrantable en sus corazones, como el anatema que les sigue de región en región y de clima en clima. La historia de una infeliz judía, ya anciana, que estaba al servicio de un español avecindado en Tetuán, prueba suficientemente la exactitud de mi aserto.

Parece que en un momento de embriaguez o de locura el marido de esta judía, llamado Salomón, hombre rico y considerado entre los suyos pronunció delante de moros la fórmula de fe musulmana:

—No hay mas Dios que Dios y Mahoma su enviado.

Bastó y sobró esto, para que los que le oyeron se empeñaran en ponerle el casquete colorado y en declararle creyente; el judío vuelto en sí, rechazó como nula la abjuración; le instaron y se resistió; le amenazaron y se mantuvo en su negativa; le encerraron en la cárcel de Fez, y allí murió constante en su creencia. Pero estaba decretado que el odio de sus enemigos, le persiguiese en su familia más allá de la tumba. Su mujer y dos hijas fueron presas bajo pretexto de religión; pero en realidad solo con el objeto de apoderarse de sus ya bastante mermados bienes de fortuna. Quisiéronlas obligar también a abjurar de su ley; pero no lo lograron; fueron encerradas y azotadas y el castigo las encontró firmes como rocas; sufrieron, en fin, todo género de dolores, iniquidades y martirios, y solo pudieron escapar con la vida, dejando entre las garras de sus verdugos, todo cuanto tenían: todo menos su religión.

El inspirado autor del Trovador ha dicho en una de sus obras más aplaudidas:

Que no hay hombre tan malvado
que no tenga una virtud.

Y esta filosófica máxima, no solo puede aplicarse a los individuos sino a las razas. En el corazón de esta degenerada familia hebrea, tan baja, tan abyecta, tan cobarde, tan pobre de sentimientos elevados, hay, sin embargo, una cuerda que vibra siempre, sonora y admirable; la fe está unida a su espíritu como el aliento a la vida. La Providencia parece como que la fortaleció en su alma, para que no se extinguieran nunca; para que no pudieran asimilarse con las demás naciones; para que siempre tuviese sobre quien recaer la tremenda, pero merecida maldición que los ha esparcido por la faz de la tierra, como el viento esparce el humo por el espacio y las arenas por el desierto.

No acabaré mis ligeras descripciones sin declarar que todos los encantos de las ciudades morunas pueden encerrarse en una caja de fósforos; sus calles tortuosas y angostas; sus silenciosas casas cerradas a macha martillo, como la puerta del cielo para los réprobos: las vueltas y revueltas, pasadizos y arcos que hacen de cada calle un laberinto y una cueva; sus tiendas abiertas en la pared a guisa de nidos de golondrinas; los moros con las barbas puntiagudas, las piernas al aire y el jaique no muy limpio, que mueven pesadamente los pies si tienen que hacer algo, o se encogen junto a una pared como figuras de resorte, si quieren tomar el fresco o el Sol: todo este conjunto monótono y frío, donde el hombre es un bruto y la mujer un misterio, podrá tener poesía; pero una poesía cansada, sin accidentes inesperados, siempre con el mismo color, con la misma luz invariable, en fin, como la eternidad.

Cuesta trabajo el creer que esta raza haya acometido y llevado a cabo grandes empresas. Hoy no conserva siquiera la sombra de lo que fue, y está descompuesta por la inmovilidad, esa carcoma de las naciones. ¡Bien haya la santa ley del progreso, que es la inteligencia, que es el vigor, que es la vida de los pueblos! Detenerse es agonizar; pararse es morir. No hay más que seguir con el pensamiento puesto en Dios y las fuerzas en el trabajo la senda que la Providencia ha señalado a la humanidad, y fuera de la cual no hay poder, no hay grandeza, no hay gloria.

Difícilmente hubiera podido soportar el fastidio de la vida de Tetuán, si los sucesos y peripecias que trae consigo una campaña, no hubiesen venido a amenizarla hasta cierto punto. Uno de mis mayores entretenimientos era el de hablar con el famoso alcalde moro, a quien tenía el gusto de ver todas las noches en el alojamiento del malogrado general Ríos, cuya memoria será eterna en la ciudad moruna. Hache-er-Abeir tendrá como unos cincuenta años; es alto, de facciones angulosas, barba entrecana y mirada penetrante, astuta y recelosa como la de todos los de su raza; habla el español, aunque con alguna dificultad, y es muy aficionado a los europeos, con quienes comercia. Desempeña en Tetuán el viceconsulado de Austria.

Quisiera acordarme del gracioso y animado diálogo que medió entre el general y el señor alcalde, la primera noche que le vi, a poco de haber ocupado nuestras tropas la ciudad.

—Los españoles vienen a civilizar, no a destruir —recuerdo que le dijo el general Ríos— respetarán las costumbres y ritos; pero castigarán inexorablemente a los asesinos y traidores.

—Eso no va conmigo, señor general —contestó el Hache-er-Abeir—. Yo estar como en un boque en naufragio; tener mi cabeza comprometida por vosotros, y quererla salvar primero que nada. Ser fiel y obediente.

Celebró mucho las disposiciones adoptadas por el duque de Tetuán para el respeto de las mezquitas, y anunció que el próximo viernes celebrarían los moros una fiesta religiosa en acción de gracias por no haber hecho daño los españoles en la ciudad rendida.

El señor alcalde, como le llamaba con su natural gracejo don Diego de los Ríos, es un hombre de muy buen sentido. Se lamentó de la falta de garantías del régimen despótico, bajo el cual vivían sus compatriotas, y achacó a la inseguridad que reina en el imperio, al atraso y la desorganización que le aniquilan.

—Mira, señor —decía— ¿que quieres tú que este país sea? Los gobernadores de provincia comprar sus cargos, tener 7 duros de sueldo al mes, y gastar 7 duros al día; vivir con lujo, poseer pedrería. ¿Cómo hacer esto? Robando. Pero en cambio el emperador hacer con ellos lo que vosotros llamáis cebar el pavo; cuando estar rico, quitárselo todo, muchas veces hasta la vida.

Dos moros habían sido presos aquella misma tarde por haber querido robar a unos hebreos.

—Señor general, dime —preguntó al oír la noticia— ¿estos moros cometer el delito antes o después de haber entrado las tropas?

—Después —contestole el general.

—Entonces castigar —repuso el señor alcalde—; pero olvido y perdón como habéis prometido, para los que faltar primero.

—Así será —repuso el general— porque los españoles cumplen cuanto ofrecen.

Habiendo manifestado el general Ríos, deseos de conocer la letra de Muley-el-Abbas, el señor alcalde le propuso un ingenioso medio para que pudiera satisfacer su curiosidad.

—Aquí vendrá cuando el espanto pase —dijo en su caprichoso estilo— un moro que fue por carta de Muley-el-Abbas, nombrado cadí de la ciudad. Si pides que te la enseñe, no lo hará, porque moro ser desconfiado; pero si le aseguras que es para reponerle en su destino, si efectivamente lo ha desempeñado, él te mostrará la escritura y conocerás la letra del príncipe.

Hache-er-Abeir había estado en Madrid por los años de 1840 a 1841, y era esparterista decidido.

Alumbrando al alcalde con un farol, acompañábale todas las noches un hermoso niño, hijo suyo, inquieto y vivo como una ardilla, que no comprendía el castellano; pero que escuchaba atentamente cuanto su padre decía, como si quisiera comprender con los ojos su sentido.

Otro nuevo acontecimiento vino a turbar la monotonía de nuestra vida de Tetuán; la llegada del primer parlamento marroquí en solicitud de la paz, que acudió a nuestro campo el 11 de febrero, siete días después de la derrota de Muley-el-Abbas. Componían esta comisión el gobernador de Tánger, su hermano, general de la caballería mora, el bajá del Riff, y el segundo caíd de Fez. Cabalgaban en buenos caballos, con arreos de seda; y plata, y les seguían cinco soldados armados de espingardas, pistolas y gumías. De estos servidores tres marchaban a pie con la bandera blanca, uno a caballo y otro sobre una mula, como despensero y guardián de las provisiones. Todos ellos, excepto un moro feo y repugnante como la estampa del diablo, eran riffeños, y se les conocía por el mechón de pelo trenzado que, a semejanza de los chinos, pendía de la parte posterior de su cabeza.

La fisonomía de los parlamentarios era grave y severa; notábase que pesaba sobre ellos la fatalidad de sus derrotas y que se juzgaban vencidos; pero no humillados. El general Prim, acampado sobre el camino de Tánger, fue el primero que los recibió; acogiolos cariñosamente y les hizo descansar en su tienda. Con mucho tacto y generosidad, lejos de herir, procuró el héroe de los Castillejos reanimar el abatido espíritu de los moros.

—Dios, es el que da o quita la victoria —les dijo—; dos hombres y los ejércitos más valerosos, nada son si su mano los abandona.

El general de la caballería marroquí que entendía y hablaba el castellano, levantó las manos al cielo y exclamó con resignado acento:

—¡Dios lo ha querido!

Después de haber descansado breves momentos los parlamentarios bajo la hospitalaria tienda del conde de Reus, pusiéronse en marcha para el cuartel general. Allí les recibió el duque de Tetuán con consideración y agasajo. Expusiéronle el objeto de su venida, y el general en jefe les respondió que estaba autorizado para hacer la guerra; pero no para estipular la paz; que daría cuenta a la reina de cuanto pasaba y que hasta recibir sus órdenes no le era posible entrar en negociaciones y arreglos. Despidiéronse con esto los parlamentarios, ofreciendo volver pasados cinco días, y antes de abandonar nuestro campamento, entraron de nuevo en la tienda del conde de Reus para despedirse de él. Allí permanecieron breve rato, y enseguida emprendieron su camino, acompañándoles cortésmente el general Prim a caballo con todo su estado mayor, más allá de nuestras avanzadas. Uno de los parlamentarios miraba con ávida curiosidad el revólver que el general Prim tenía; notolo el conde, y antes de separarse de la comitiva mahometana, sacole de la funda, y dijo al moro.

—Vas a ver los efectos de esta arma para vosotros desconocida.

Dicho lo cual disparó los seis tiros del revólver, entregándosele después al parlamentario, que estaba admirado de cuanto veía.

—Toma —exclamó el general—. Si la paz se hace, consérvala como prenda de un cristiano, y si la guerra continúa aprovéchate de ella en defensa de tu patria y de tu vida.

99

El moro dio muestras de aceptar el regalo con aprecio, y entregó ceremoniosamente al conde de Reus una pistola de arzón con adornos y cinceladuras de plata.

Enseguida se despidieron y separaron.

XII

A los cinco o seis días, como habían ofrecido, volvieron a nuestro campamento los parlamentarios, deseosos de conocer la resolución de la reina de España sobre el restablecimiento de la paz o la continuación de la guerra. Lo mismo que la vez primera, descansaron en la tienda de Prim, a quien miraban con particular predilección y cariño, apreciándole por valiente y generoso. Siguieron después su camino hasta el cuartel general, donde hablaron breves momentos con el duque de Tetuán, sin que pudiera venirse a un arreglo. Agradecidos los moros a la acogida que se les había hecho, regalaron a los generales O'Donnell y Prim dos cajones de dátiles, de los cuales participamos también todos los curiosos y cronistas de la campaña.

Aun cuando rotas, o poco menos, las negociaciones, los parlamentarios pidieron el permiso, que les fue concedido, de descansar aquella noche en la ciudad. El general don Diego de los Ríos se encargó de hacer los honores a los huéspedes, y cumplió dignamente su cometido. Por la tarde acompañóles a ver el telégrafo eléctrico que se había establecido desde la aduana hasta el alojamiento del general, en la casa de un moro riquísimo que había sido cónsul marroquí en Gibraltar, llamado Er-Sini. No excitó gran cosa la atención de los enviados de Muley-el-Abbas el aparato del telégrafo, lo cual se comprende muy bien, porque su inteligencia no estaba lo suficientemente preparada para entender y admirar estos maravillosos adelantos de la civilización. Además, como hijos de un pueblo casi primitivo, no podían sentir la imperiosa necesidad de vivir años en minutos, ni ardía su sangre con la fiebre que agita a las razas europeas, ávidas de emociones, de cambios, de peripecias, y deseosas, no solo de devorar el espacio, sino de escalar el cielo. ¿Qué importaba a los habitantes de las montañas o de los desiertos de África, acercarse antes o después al término de su camino? ¿Qué ganaban con saber más o menos pronto noticias que nada decían ni a su ambición, ni a su interés ni a su alma? Bástanles para sus caravanas el ágil caballo o el útil camello, y para comunicar noticias la rezagada carta que llega a su destino cuando Dios, el mensajero y los obstáculos de un largo viaje, quieren que llegue. A pesar de su indiferencia, explícoles el general Ríos el mecanismo del telégrafo, rogándoles de paso que hicieran una prueba para que viesen la velocidad de este medio de comunicación; pero ellos resistieron tenazmente, y solo a fuerza de muchas instancias se decidieron a preguntar a los empleados de la aduana si salía algún buque para Gibraltar.

¿No revelaba la pregunta referida la preocupación de sus ánimos? Inglaterra, que, según los moros decían, tenía una gran parte de culpa en la guerra, fue siempre su solo pensamiento y su única esperanza.

Después de haber visitado el telégrafo, condújoles el general Ríos al sitio en que se habían colocado los hornos de campaña. La vista de estos aparatos les impresionó más vivamente que la del telégrafo. Pueblos como el africano, solo sienten necesidades materiales: ¿qué significan para ellos las necesidades del espíritu? Satisfácenlas suficientemente recitando algunos versículos del Corán. Miraron atenta y detenidamente los hornos, fríos, caldeados y funcionando, y habiéndoles manifestado el general Ríos que pasada media hora tendrían pan para la comida y el viaje que debían emprender a la siguiente mañana, uno de ellos exclama con cierta satisfacción mal encubierta: «En mi huerto tengo yo un horno que en un cuarto de hora cuece una gallina».

Como la noche iba acercándose, suspendieron su excursión y se encaminaron hacia el aposento que se les había preparado. Pero antes rogaron al general Ríos que les permitiese hacer sus oraciones, entrando con este objeto en la mezquita principal, donde cumplieron con todos los preceptos de su religión.

Ya entrada la noche, y después de haber comido en casa de otro hermano de Er-Sini, fueron, acompañados del alcalde moro y el Er-Sini propietario de la casa en que vivía el general, a tomar el café a que don Diego de los Ríos les había convidado.

El primero que penetró en la habitación fue el avispado hijo del alcalde, vestido con su traje de fiesta; especie de introductor de embajadores que llenó su misión con un ¡hola! infantil y gracioso, única palabra que sabía del castellano. Detrás entraron el gobernador de Tánger, grave y severo personaje; su hermano, general de la caballería marroquí que hablaba algo el español y que era de fisonomía franca y abierta; un lugarteniente de Muley-el-Abbas, nervioso, vivo, impresionable, que gozaba entre sus compatriotas fama de valiente y arriesgado; el segundo cabo de Fez, de rostro rudo, de mirada torva, retraído y silencioso como el dolor y el crimen; Er-Sini, y el alcalde moro, astuto y malicioso como el más malicioso y astuto de todos los alcaldes de monterilla, que les servía de intérprete. Todos llevaban albornoces blancos, menos el segundo cabo de Fez que le llevaba negro como el color de su espesa barba, y todos se descalzaron en presencia del general, que los recibió con marcado cariño y deferencia.

Agrupáronse como mejor pudieron alrededor de un brasero, cuya caja servía de meseta; unos sentados en sillas y banquetas, y otros a la oriental sobre blandos cojines. Conocíase que estaban tristes y preocupados; una nube de melancolía velaba sus rostros como una sombra, y de vez en cuando se escapaban de sus pechos hondos suspiros. Veíase asimismo bien a las claras que hacían esfuerzos supremos para no aparecer a nuestros ojos como ignorantes de las costumbres europeas, y esto contribuía a que estuviesen algo cortados y encogidos.

El general Ríos se mostró con ellos amabilísimo, ofreciéndoles café, bizcochos y dulces. Admitieron los cumplidos del general con cortesanía, pero sin afectación, y se manifestaron muy satisfechos de los elogios que hizo del valor, decisión y energía de que tantas pruebas habían dado los marroquíes. El alcalde moro, como he dicho, sirvió de intérprete; él les dijo, desempeñando a las mil maravillas su papel, que los españoles, tan arrojados en el combate, eran generosos después de la victoria, y que no deseaban más sino que una paz sólida y duradera reuniese para siempre a dos pueblos, separados solo por un charco de agua. Habloles de los recursos de España para la continuación de la lucha; de los nuevos preparativos que se hacían en la península, y finalmente, les entregó varios periódicos españoles, de aquellos que más calorosamente habían demostrado su entusiasmo por lo gloriosa toma de Tetuán; en la confianza de que no faltarían en el imperio renegados que les enterasen de su contenido. Los moros escuchaban silenciosamente cuanto les decía el general Ríos por medio del alcalde moro, que en aquella ocasión, como en otras muchas, ha prestado muy buenos servicios a nuestra causa; servicios que no podemos decorosamente olvidar.

Después de esta animada conversación dispuso el general Ríos que se sirviera un ponche. Preparábanse a tomarle los enviados de Muley-el-Abbas, cuando el general les advirtió que contenía ron.

—Os lo prevengo —dijo— porque no sé si vuestra religión os prohíbe el uso de licores y no quiero que en manera alguna faltéis a vuestras prescripciones y creencias.

El golpe fue oportunísimo y produjo el efecto que el general Ríos deseaba. Los parlamentarios devolvieron los vasos, monstrándose agradecidos por la advertencia, y haciendo grandes encomios de los españoles por la tolerancia que revelaban hacia el culto mahometano. Esto dio motivo al general Ríos para declarar delante de los enviados que nuestras armas no habían pasado a África a imponer por la fuerza otra nueva religión, ni a oprimir la conciencia de los pueblos contra quienes España se veía obligada a luchar. Con más o menos interés, todos los moros tomaron parte en este debate, tan hábilmente suscitado, excepto el segundo cabo de Fez que se mantuvo reservado y frío hasta el momento de la despedida.

—Vosotros —dijo entonces el general— podéis influir con éxito a fin de que terminen las desavenencias entre Marruecos y España.

A lo cual el lugar-teniente de Muley-el-Abbas contestó con apasionado acento:

—¡Quiéralo Dios! Pero así como vosotros obedecéis a la reina, nosotros obedecimos al sultán. Ilumine el Señor todo misericordioso a los que en sus manos tienen la paz y la guerra.

Al marcharse estrecharon con efusión las manos de todos cuantos nos habíamos hallado presentes a la entrevista; el cabo de Fez apretó fuertemente la diestra del general Ríos en el momento en que éste les acompañaba hasta la puerta de la habitación y le dijo con voz profundamente conmovida:

—¡Quiera el cielo que nuestras manos se encuentren solo en la paz y no se tiñan con sangre en la guerra!

Aún no habría pasado medio cuarto de hora desde que se despidieron del general Ríos los parlamentarios para volver a su alojamiento, cuando se presentó de nuevo el hermano del gobernador de Tánger que como he dicho, entendía el castellano. Traía un saquito de dátiles que regaló al general en nombre de sus compañeros, muy agradecidos al afectuoso recibimiento que se les había hecho. El moro, solo con nosotros, se espontaneó y nos expuso el verdadero estado del imperio, sin ocultar nada.

El ejército estaba en completa dispersión desde la derrota del día 4 de febrero.

—Moros cabilas malos —decía suspirando el parlamentario—. Para cobrar cinco mil, para batear cinco cientos.

Él nos manifestó que en la batalla de Tetuán, Muley-el-Abbas y sus lugartenientes habían hecho los mayores esfuerzos para contener la fuga de los suyos; pero todo sin resultado, pues hubo moro que desconoció la autoridad de sus jefes hasta el punto de volver contra ellos las armas.

A la madrugada del siguiente día partieron los parlamentarios para Tánger, donde les esperaba Muley-el-Abbas.

El general O'Donnell les había concedido ocho días de término para que pudiesen poner en conocimiento del emperador las condiciones de paz que había fijado el gobierno español.

Próximo a expirar el plazo, se presentó de nuevo en Tetuán el hermano del gobernador de Tánger, para pedir al conde de Lucena de parte de Muley-el-Abbas una entrevista fuera de la ciudad, donde el príncipe marroquí tenía reparo de entrar, acordándose sin duda de que no había sabido o podido defenderla contra nuestra invasión.

El general en jefe accedió atentamente a los ruegos del moro, y acompañado de algunos generales se dirigió, seguido de su numeroso estado mayor, al lugar señalado para la conferencia, que estaba como a una legua y media de Tetuán, sobre el camino de Tánger, no lejos de Gualdrás, donde algún tiempo después dimos nuestro postrer combate y alcanzamos nuestra última victoria.

El lugar de la entrevista era una ancha y dilatada vega, limitada a lo lejos por los estribos del pequeño Atlas; vega desembarazada y descubierta por todas partes, falta de árboles; pero no de débiles arbustos y espesa yerba. A larga distancia, casi al pie de los cerros que la rodeaban, divisábanse frondosos bosques de naranjos y olivos, que cercaban por todos lados el valle, como una guirnalda inmensa. La noche anterior había llovido y el terreno estaba pantanoso y fofo; era además abundantísima el agua en la comarca que describo, tanto, que se la veía brotar de entre las hendiduras de las piedras; de entre los cañaverales que limitan y separan unas de otras las heredades; casi de entre las mismas raíces de las plantas.

El duque de Tetuán llegó a eso de las tres de la tarde al sitio designado, donde ya le esperaba el príncipe marroquí con unos doscientos caballos y alguna gente de a pie. Dando una prueba de confianza, el general O'Donnell dispuso que el estado mayor y los escuadrones que le escoltaban se quedasen a alguna distancia del campo moro, y se adelantó con los generales hacia la única tienda que se veía, que era la de Muley-el-Abbas. Era blanca, y estaba adornada con multitud de jarrones negros coronados por una media Luna, pintados o bordados con bastante arte y gusto sobre la nevada lona. Los generales confiaron sus caballos a los moros de a pie, y penetraron en la tienda del príncipe, precedidos de éste que se había adelantado cortésmente a recibirlos, y de un anciano de venerable barba, el Jetib, según me dijeron; personaje, como es sabido, de grande importancia en el imperio.

El espectáculo que se ofreció a nuestra vista trajo por un momento a la imaginación algunos episodios de la Gerusaleme del Tasso. Aquellos hombres en cuyas manos, como en las del Destino, descansaban la paz o la guerra, cobijados bajo una débil tela, movida a impulsos del viento como el corazón de los circunstantes a impulsos de encontradas afecciones y pensamientos distintos; aquellas numerosas escoltas que permanecían silenciosas y quietas, que se observaban sin recelo, pero también sin cariño, que no avanzaban ni retrocedían como si las mantuviesen clavadas en sus puestos dos fuerzas opuestas igualmente poderosas, la esperanza de la paz y el entusiasmo de la guerra; aquellos moros con sus blancos alquiceles, con sus turbantes encapuchados, con los variados colores de sus chilabas, a caballo unos, y otros sentados en la yerba; aquellos escuadrones cristianos que estaban inmóviles en frente de esta comitiva, con sus brillantes armas, sus inquietos corceles, sus vistosos uniformes; aquellos montes empinados, sobre cuyas sombrías cumbres flotaban nubes no menos sombrías; todo, en fin, cuanto entraba en la composición del cuadro que veíamos, contribuía a darle majestad y grandeza, a traer a la memoria el recuerdo de la gran epopeya italiana, donde se canta la lucha más poética y acaso las más civilizadora del mundo.

Algunos creían que la paz surgiría de esta conferencia; pero desgraciadamente se engañaron. Los moros no estaban todavía dispuestos a ceder, y el conde de Lucena tampoco.

Muley-el-Abbas pareciome como de cuarenta años de edad; es de color, muy atezado, de rostro vivo, de mirada ardiente, de barba negra y rizada. Hay en toda su persona un sello de distinción que atrae e interesa. Viste con elegancia, pero sin afectación; su voz es grave y sonora; sus modales atentos y corteses. A ser cierto lo que me contaron entonces, el desdichado príncipe no ocultó, durante la entrevista, el dolor profundísimo que le afligía, ni apartó los ojos un solo momento del gran cristiano, que así era como llamaban los moros al duque de Tetuán.

No haré la historia de estas negociaciones, porque la índole de mi trabajo no me lo permite; baste solo decir que nada se adelantó, que los marroquíes resolvieron disputarnos el paso en el camino de Tánger, y que el general en jefe hizo todos los preparativos necesarios a fin de llevar adelante la empresa.

Algunos días después de la escena que he referido, llegaron a nuestro campo los tercios vascongados, vistosamente uniformados, con pantalón encarnado, boina del mismo color y poncho azul. Mandábalos el general Latorre, y ardían en deseos de medir sus armas con los eternos enemigos del hombre cristiano. Para completar su instrucción, dispuso el general O'Donnell que se quedaran guardando las posiciones de fuerte Martin, aduana y reducto de la Estrella.

El día 11 de marzo, por primera vez desde que en los campos y alturas de la torre del Helelí escarmentaron nuestras armas la soberbia musulmana, se rompió el fuego entre vencedores y vencidos; entre los nuevos dueños de Tetuán y sus antiguos poseedores. Habíase generalmente creído que la lucha no se renovaría sino pasado el Fondach, en las estrechas gargantas por donde sigue el camino de Tánger; pero la resolución de los marroquíes, desvaneció todas estas conjeturas. Nuestro enemigo, repuesto de su susto, vino a buscarnos a nuestras mismas posiciones, tal vez con el deseo de rescatar la ciudad cautiva: tal vez, y esto es lo más probable, con la energía que da la desesperación al que pierde su hogar y su templo, el sitio donde abrió los ojos a la luz y el corazón a la fe de sus padres.

El conde de Lucena asistía a la misa que se celebraba todos los domingos en la iglesia de Nuestra Señora de las Victorias, cuando algunos lejanos disparos le hicieron sospechar que ocurría novedad en nuestro campamento.

En efecto, los moros habían atacado al cuerpo de vanguardia que a las órdenes del general Echagüe llegó de Ceuta días antes, y que parecía predestinado para comenzar la lucha más allá de Tetuán como la había inaugurado delante de la áspera Sierra-Bullones.

El conde de Reus avanzó después, y la acción se generalizó en toda la línea. A la bayoneta fueron ocupadas una a una las formidables posiciones de los marroquíes, cuyo arrojo parecía haberse acrecentado. Nuestros soldados, siempre valerosos, siempre dispuestos para el heroísmo, subieron sin detenerse ante ningún obstáculo una larga y agria cordillera, cuyos últimos cerros escondían su cima en el seno de las nubes. Momentos hubo en que cristianos y moros se confundieron en recia acometida, como se confunden la luz y la sombra en las postreras agonías de la tarde.

La noche iba extendiendo su espeso manto por el espacio, y la lucha proseguía aún. El crepúsculo vespertino declinaba, envolviendo todos los objetos en esa media tinta indefinible, y vaga, mucho más pavorosa que la oscuridad misma, y el general Prim caminaba por cuestas escarpadas donde apenas podían los caballos fijar el pie sin exponerse a rodar hasta el fondo de un precipicio. El conde de Reus debería de decir como Shakespeare en uno de sus inmortales dramas: el peligro y yo somos hermanos; pero yo soy el mayor; porque de pronto se vio casi envuelto por un considerable número de marroquíes ocultos detrás de un cerrillo, y en riesgo inminente de perder la vida, como en Castillejos y en las trincheras enemigas, el día 4 de febrero.

Momento crítico fue aquel; el general tuvo que hacer uso del revólver para libertarse de los moros, y lo hubiera pasado mal a no acudir en su auxilio los batallones de León y las Navas, que desalojaron a nuestros contrarios de su madriguera.

La acción terminó a las diez de la noche, hora en que se replegaron las tropas, y en que el general en jefe, que había estado durante el combate recorriendo el campo, se retiró a su tienda sin saber apenas por donde. La noche era oscurísima, y se había desatado un viento tan fuerte como frío, que hacía vacilar las tiendas con temeroso estrépito. Todavía no había entrado en la suya el duque de Tetuán, cuando empezó a caer una abundante lluvia que duró toda la noche y la mañana siguiente. ¡Triste descanso el de nuestros soldados, que, después de doce horas de incesante lucha contra los hombres, empezaban otra contra los elementos, contra el aire que arrancaba sus tiendas, y contra el agua que encenagaba el duro suelo sobre el cual dormían, la pobre manta en que envolvían sus ateridos miembros!

A consecuencia de la acción del día 11 los moros pidieron nuevamente la paz; pero no habiéndose conformado con las condiciones que se les imponían, rompiéronse otra vez las negociaciones, y se encomendó a las armas la resolución de la contienda.

Y aquí terminan mis recuerdos, porque yo volví a España la víspera misma de la batalla de Gualdrás, único hecho de armas formal y comprometido que no he presenciado. Las causas que motivaron mi regreso no son de este lugar. Seame, sin embargo, lícito el decir que yo seguí en todo cuanto hice los impulsos de mi conciencia y de mi patriotismo. No seré yo quien suscite de nuevo cuestiones enojosas, que han pasado ya; la razón que me asistía, despierta aún en mi alma la generosidad, y no tengo para los que sin oírme me condenaron, más que palabras de perdón y olvido.

Sin duda para algunos fue considerada como delito mi defensa leal y sincera de la paz. Pero ¿qué me importa? Si ellos me acusan, las madres que han abrazado a sus hijos; las esposas que han vuelto a ver a sus esposos; las lágrimas que se han evitado; la sangre generosa ahorrada en una lucha, ya no solo estéril sino imposible, absuelven y justifican mi intención.

Hoy, de los sinsabores que mi conducta me produjo, nada queda; pero sí la profunda satisfacción de haber asistido al renacimiento vigoroso de mi patria, y de haber contribuido, con arreglo a mis escasas fuerzas, a celebrar sus triunfos y extender su gloria.

Libros a la carta

A la carta es un servicio especializado para
empresas,
librerías,
bibliotecas,
editoriales
y centros de enseñanza;
y permite confeccionar libros que, por su formato y concepción, sirven a los propósitos más específicos de estas instituciones.

Las empresas nos encargan ediciones personalizadas para marketing editorial o para regalos institucionales. Y los interesados solicitan, a título personal, ediciones antiguas, o no disponibles en el mercado; y las acompañan con notas y comentarios críticos.

Las ediciones tienen como apoyo un libro de estilo con todo tipo de referencias sobre los criterios de tratamiento tipográfico aplicados a nuestros libros que puede ser consultado en Linkgua-ediciones.com.

Linkgua edita por encargo diferentes versiones de una misma obra con distintos tratamientos ortotipográficos (actualizaciones de carácter divulgativo de un clásico, o versiones estrictamente fieles a la edición original de referencia).

Este servicio de ediciones a la carta le permitirá, si usted se dedica a la enseñanza, tener una forma de hacer pública su interpretación de un texto y, sobre una versión digitalizada «base», usted podrá introducir interpretaciones del texto fuente. Es un tópico que los profesores denuncien en clase los desmanes de una edición, o vayan comentando errores de interpretación de un texto y esta es una solución útil a esa necesidad del mundo académico.

Asimismo publicamos de manera sistemática, en un mismo catálogo, tesis doctorales y actas de congresos académicos, que son distribuidas a través de nuestra Web.

El servicio de «libros a la carta» funciona de dos formas.

1. Tenemos un fondo de libros digitalizados que usted puede personalizar en tiradas de al menos cinco ejemplares. Estas personalizaciones pueden ser de todo tipo: añadir notas de clase para uso de un grupo de estudiantes,

introducir logos corporativos para uso con fines de marketing empresarial, etc. etc.

2. Buscamos libros descatalogados de otras editoriales y los reeditamos en tiradas cortas a petición de un cliente.